淤泥效應

解開制度的束縛，重新找回組織執行力

Sludge

What Stops Us from Getting Things Done
and What to Do about It

哈佛大學法學院教授、《雜訊》共同作者

凱斯・桑思汀 Cass R. Sunstein —— 著

林俊宏 —— 譯

Sludge (n)

黏稠柔軟的濕泥，或是類似的液體與固體黏性混合物，
尤指工業或精煉過程的產物。

——牛津線上辭典，2019

目　次

各界好評

淤泥效應不但會讓人難以取得本應有權取得的東西，例如金錢與資源，更會對弱勢的群體造成更嚴重的傷害。桑思汀鞭辟入裡，讓人了解該如何對抗這個「推力」的壞表親！

狄立普・索曼（Dilip Soman）

多倫多大學行為學與經濟學加拿大國家研究講座教授

　　有些人總覺得自己的時間和心力都浪費在處理官僚程序與揮之不去的不平等，開始覺得心力交瘁；《淤泥效應》提供必要的工具，能一掃各種黏滯的阻礙，也提供新的觀點，改變我們制定、實施與評估政策的方式。

凱特・蘭伯頓（Cait Lamberton）
賓州大學華頓商學院行銷講座教授

　　在這本極具意義且好讀的著作當中，凱斯・桑思汀詳細說明我們日常生活會遇上的小小阻力，可能是表格設計難以理解，又或是得在雨中等上幾小時才能投票，這讓我們難以達到自己想要的目標，包括像是在過程中偷走我們的時間，甚至損害我們的尊嚴。只要是對公共政策感興趣的人，都該閱讀這本書。

帕蜜拉・赫德（Pamela Herd）
喬治城大學麥考特公共政策學院公共事務教授

　　在《淤泥效應》中，凱斯・桑思汀點出我們日常生

活無所不在的繁文縟節，讓我們知道雖然有些繁文縟節實在難以避免，但還是有許多能夠減少，甚至消滅。一旦成功，不只能讓企業、農民、醫師、學生與窮人都更有生產力，還能拯救性命、增強民主，讓人類的生活更加愉快。《淤泥效應》文筆優美，說服力十足。

約翰・葛拉漢（John D. Graham）

印地安納大學公共事務教授，曾在美國管理預算局擔任有「監管沙皇」之稱的職位

如果要說推力有個致命的敵人，又或者說就像是反物質對物質的關係，講的正是「淤泥效應」。桑思汀用這個詞來指稱不必要的工作流程、官僚程序，以及各種讓事情不盡理想的阻礙。《淤泥效應》清楚呈現這樣的衝突，並說明像是聯邦醫療保險與社會安全制度這些最有效的政府計畫，是如何透過由政府負責記錄及簡化登記程序，成功讓幾乎所有的合格公民得以參加。

《富比士》（Forbes）

在凱斯‧桑思汀看來，淤泥效應正是讓我們無法達成目標的阻力。淤泥效應有許多不同的樣貌……甚至有時候看起來是合理的要求，只不過需要的時間比我們能擠出來的更多。

《基督教世紀》（*The Christian Century*）

在《淤泥效應》中，桑思汀為官僚黑暗帶來一道光芒，並透過要求「淤泥效應稽核」的做法，以其道德權威呼應人民愈來愈希望一掃官僚沉痾的期許。

《未來教育》（*Education Next*）

前言

　　這本書是因為一次失敗產生的作品。在歐巴馬（Barack Obama）總統任期內，我有幸擔任資訊法規辦公室（Office of Information and Regulatory Affairs, OIRA）主任。資訊法規辦公室是個很不起眼的單位，編制大約只有50人，卻扮演美國政府裡的要角，協助監督這個管制型國家（regulatory state）的運作，牽涉的領域包括醫療保健、環境保護、公民權益、道路安全、職業健康、食品安全、農業，甚至國土安全。但資訊法規辦公室

的建置根據的卻是1980年通過的「文書作業精簡法案」（Paperwork Reduction Act, PRA），法案的核心任務當然是要精簡文書作業。

這就是我所謂失敗的地方了。我在資訊法規辦公室工作的期間，多半把注意力放在重大、容易引人注目的問題上，像是經濟成長、醫療改革、金融穩定、氣候變遷、潔淨空氣、潔淨用水、種族與性別歧視、公共衛生、道路安全。精簡文書當然也很重要，但還排不上前幾名。這種結果不能說完全錯誤，但也不能算是那麼正確。就因為有過多的文書作業，無數原本可能讓許多人受益的計畫，最後落得失敗收場。有些時候，行政負擔就是會使經濟成長減緩，造成普遍的不公不義，甚至影響人民的健康。

有時候，受害者是企業，無論規模大小，無論是成熟企業或新創企業，全都可能受害；有時候，受害者是需要某種執照或許可的人，他們有可能只是求取一份工作；有時候，受害者是整個社會最弱勢的成員，像是病

痛、殘疾、年老、貧窮，或是喪志的人；還有些時候，文書作業與相關負擔就是會讓某些特定群體受到影響，像是女性與有色人種。在我四年的任期內，要到相當後期才開始努力解決這個問題，但為時已晚，效果有限。

在那之後的幾年，我們對各種文書要求、等待時間、申報要求、批准流程等等造成的傷害有更多的理解。部分的理解來自第一線現場：公務人員是如何要民眾做出各種宛如雜耍跳火圈的要求，使他們受害；也有部分的理解是來自於人類心智與對其限制的研究，這有助於解釋為什麼這些文書負擔會造成這麼大的負面影響；還有部分的理解是來自私部門，民間企業同樣可能出現淤泥效應，使顧客受害，也使員工受害。

很多時候，公家機關對於自己提出的文書與相關要求，可能完全沒想過會造成什麼結果。但也有很多時候他們其實清楚得很，醫院、企業、大學與其他機構也是如此。

如果要求民眾去跳火圈，就可能出現各種壞事。有

些壞事可能出人意料，但最不讓人驚訝的壞事，大概就是有些民眾就會選擇乾脆不跳了。這種選擇或許合理，又或者是必要的自我保護，但很多時候也會形成悲劇。好消息是，很多辦法都能在這裡幫得上忙。

本書架構

這裡介紹本書的安排：第一章介紹關鍵概念，並簡要說明背後的問題。第二章研究為什麼淤泥效應會造成如此大的傷害，並特別從行為科學中提到的惰性、現時偏誤（present bias），以及匱乏（這裡指的是認知上的匱乏，而非財務上的匱乏）等等概念來說明。這些問題一旦結合起來，就會有很強大的威力，這能解釋為什麼淤泥效應會造成傷害，而且傷害常常大出所有人意料之外。

第三章則說明淤泥效應是整個架構下的產物。不管是出於有心或是無意，都會對結果造成重大影響，結果的好壞就在一線之間。第四章會帶領讀者快速瀏覽這個

差強人意的淤泥效應世界，談談福利計畫、職業證照、學生簽證與憲法權利的問題。不同的人有著不同的價值觀，就會對各種不同領域的負擔有著不同的反應，但就算是在許多重大根本議題上彼此對立的人，談到淤泥效應，應該都會產生很大的共識。

第五章探討產生淤泥效應的正當理由；其中最重要的就是「程序完整性」，這是指要用淤泥效應來確保所有申請者確實符合申請資格。民眾不該取得自己無權獲得的錢財，而淤泥效應就有助於避免有人取得不義之財；另一項理由則是為了保存紀錄，這是指公私機構透過淤泥效應來確保得以掌握各項計畫的運作情形；此外，淤泥效應也有可能是為了避免一時的魯莽或衝動，希望盡量讓民眾去做真正想做的事。第五章強調淤泥效應也有可能正當合理，希望讓論點有所平衡。

第六章則會詳細闡述「淤泥效應稽核」的構想，也指出這種做法會有很大的好處。無論公私部門，都應該多多對淤泥效應進行稽核，這樣就可以節省大量時間與

金錢，並提升無數人的福利（包括提升員工的福利）。
第六章也探討可能的法律改革，政府所有部門都有進步
空間。雖然我在這裡以美國為例，但希望各國也能採用。

　　第七章則是一項簡短的宣言，點出人類有幸擁有最
珍貴的東西。

1

一項詛咒

　　你本來很有可能可以過著更好的生活，卻被「淤泥效應」（sludge）扯了後腿。淤泥效應就像一種黏性的混合物，包含各種大大小小的阻礙，讓你做不了想做的事，去不了想去的地方。[1]我在這裡的第一項目標，就是要解釋為何淤泥效應有這麼大的傷害；第二項目標則是提出該怎樣減少這種傷害。

　　淤泥效應可以說無所不在，不論官方或民間機構、大公司或小公司、中央政府或地方機關，又或是聯合

國、歐盟執委會或世界銀行，全都看得到。會造成淤泥
效應的，除了有律師，還有法院、醫院和醫師，當然銀
行也不例外。雖然每個國家淤泥效應的嚴重程度高下有
別，但地球上沒有任何國家得以徹底杜絕。雖然我把討
論的重點放在美國，但得出根本的經驗教訓可以放諸四
海。淤泥效應已經成為生而為人就得面對的處境，我們
需要開始一點一點去除。

　　淤泥效應很多時候會造成財務上的損失。有時候對
公共衛生有害，甚至更糟的情況會讓人送命。淤泥效應
每天都在傷害教育，常常剝奪民眾受教育的機會。也會
減緩經濟成長、降低就業、扼殺創業和創新。無論是病
患、父母、教師、醫師、護理師、員工、顧客、投資人
或開發商，都會受到淤泥效應的傷害。淤泥效應也會危
及各種基本權利，包括投票權，以及不受種族或性別歧
視的權利。可以說，淤泥效應就是不公不義的普遍根源。

　　淤泥效應也可能對人類尊嚴造成危害。光是得要應
對淤泥效應並設法解決，就可能產生一種羞恥感。卡夫

卡很清楚這一點，在他筆下的小說世界，人民就是因為這種黏性混合物而無法應對生活、擺脫困境。要是淤泥效應讓你無法投票，或是無法取得某種許可，或許就會讓你覺得自己彷彿不受重視。阮囊羞澀的人更是深受淤泥效應困擾。雖然淤泥效應會傷害所有人，但對於老弱病窮、或是教育程度較低的人來說，淤泥效應更像是一種詛咒。

2020年，加州西沙加緬度市（West Sacramento）向打破詛咒邁出一小步：讓該區所有高中學生可以自動註冊就讀大學（並提供200美元的獎學金）。[2] 正如市長克里斯多福·卡班登（Christopher Cabandon）所言：「想像一下，家裡沒有人上過大學，但你打開信封，看到裡面有入學通知書，還附上獎學金。」他又補充表示，這項新的措施「會讓高中升大學變得像是從幼兒園升小一那麼簡單」。

我們後面就會提到，這種讓人自動註冊入學的做法，背後其實有行為科學的依據。就算只是像「申請入

學」這種理論上不難克服的淤泥效應，也有可能造成重大的影響。有充分的理由認為，除掉這種淤泥效應，就可以幫助許多高中生進入大學。而許多領域的公務人員也該如法炮製。

淤泥效應隨處可見

淤泥效應在生活中無所不在，以下舉幾個例子：

1. 國家本來就為清寒學生準備一筆大學獎助學金，但他們如果想要取得補助，需要填寫一份表格，回答數十個問題，很多學生會發現有些問題很難回答，結果他們決定乾脆放棄申請。

2. 如果要取得美國健保法案相關的補助，民眾需要先連上一個很複雜的網站。很多人不懂他們被問到的問題，而且對許多人來說，要完成申請需要花很長的時間，因此一些人只好放棄。

3. 消費者如果想投訴產品有缺陷，過程曠日費時，還得先詳細填寫產品最初購買的地點與使用方式。有些消費者沒把這些資訊放在手邊，也有些人擔心自己的隱私受到侵犯，於是許多人最後決定還是算了。

4. 在美國喬治亞州，如果想投票，得排起長長的隊伍，有時候得等上四個小時，甚至更久。很多人找不出這種時間，也有很多人覺得這整件事太令人不悅。有些人乾脆不去投票，也有些人在排隊等了一小時之後還是決定離開。

5. 有家手機公司祭出的行銷手法是在售出產品時提供郵寄退款（mail-in rebate）。部分商品提供給消費者的退款金額甚至高達200美元。這家公司十分清楚，許多消費者看到可以退款會很興奮，但他們就是無法「把表格寄回去」。

6. 如果筆記型電腦需要維修，消費者必須先致電客服預約，而且就算到了維修中心，常常也要等很

久，甚至可能要花兩個小時。

7. 有人請一位教授審查學術期刊上的論文。但要完成審查，教授還得先到期刊網站註冊，可是整個註冊過程太過複雜，令人困惑。於是教授拒絕審查。

以上這些案例有些無關痛癢，但也有些茲事體大。這些案例的共通點都與淤泥效應有關，只要你曾想過要向公家機關申請某種執照或許可，肯定就會有這種經驗（像是要申請駕駛執照，就必須穿越這些淤泥，有時候可以輕鬆過關，但有時候也極為困難）。然而，究竟「淤泥效應」這個詞包含哪些意義？

什麼是淤泥效應？

如果把淤泥效應理解成種種的阻力，讓人無法得到想要的東西，這種概念我們就不會太陌生。很多淤泥

效應與花時間等待有關（不論是要等著見面、通話，甚至是在線上等待）；也有很多則是和各種呈報的負擔有關（像是有人會被要求寫週報，說明自己每天做些什麼事）；還有很多淤泥效應則是得應付各種單調枯燥或重複的申請要求，包括要花時間在網路上，才能讓人得到賺錢的機會、取得醫療照護、找工作、申請簽證、申請許可，又或是拯救生命；還有很多則與交通旅程有關（像是需要到某個地方進行面談）。

也有時候，淤泥效應是各種令人費解的行政負擔，像是要提供某些資訊、要找出究竟該聯絡誰、要知道到底該做些什麼事；還有時候，淤泥效應與各式各樣的批准流程有關，不只公部門十分熟悉（像是某份文件或提案得要有十個人都蓋章），私部門也不遑多讓（像是私立大學和醫院就有這種情形）。就連各種的培訓要求，像是針對醫師、護理師、機師、貨車司機、空服人員的要求，也可以算是淤泥效應的一種，雖然這些要求顯然十分合理。

淤泥效應包括但不限於各種官僚的「繁文縟節」（red tape，這個詞本身的概念就很不清楚）。像是投票要排隊，或是得要某個政府單位面試才能取得執照，雖然稱不上是繁文縟節，但已經算是踏進淤泥。淤泥效應雖然和官僚體制（bureaucracy）有所重疊，但兩者並不完全相等。像是美國能源部（The Department of Energy）確實是個官僚體制的機構，卻不能說它就是個淤泥（雖然能源部強加許多淤泥）。

我們可以把淤泥效應看作經濟學上所謂的「交易成本」（transaction cost），但交易成本種類繁多，有些並不屬於淤泥效應。舉例來說，律師費和仲介費常常算是交易成本的一種，但不能說是淤泥效應之一。伊麗莎白・艾門斯（Elizabeth Emens）提出「日常瑣事」（admin）的重要概念，[3] 雖然這個概念能夠含括淤泥效應，但仍然有許多日常瑣事（例如家務勞動）並非屬於淤泥效應。

話雖如此，「淤泥效應」這個詞其實並沒有一個明確的定義，也的確會留下許多未解的問題，但在我看

來，實在不用太過斤斤計較。雖然我們不容易列出所有關於淤泥效應的充分必要條件，但只要放到情境脈絡裡來談，通常就能清楚判斷。[4]為了不把事情搞得太複雜，我們在此先不論各種單純關於錢的考量。舉例來說，告訴消費者得付錢才能有保險、要參加健保就得先付申請費，或是得付選位費才能挑選班機座位，這些時候消費者大概也不會太高興，但這算不上是面對淤泥效應的問題。至於「禁令」本身，例如「公共場所禁菸」，也不屬於淤泥效應的領域。

　　至於政府的命令，則要看具體內容才能判斷。這裡是命令造成淤泥效應嗎？要是命令人民必須加入健保，就可能因為整個申請過程的種種麻煩（例如文書作業要求），而讓人民面臨淤泥效應。如果告訴人民，必須先經過一個麻煩到沒道理的過程，才能安排門診治療憂鬱或焦慮，這幾乎已經是要求他們跋涉走過淤泥了。而如果人民知道，得先填寫一份冗長的表格，還要經過面試，才能加入全球入境計畫（Global Entry program，這是

美國一項優秀的計畫,能簡化入境通關流程到沒那麼繁瑣),他們也是在面對淤泥效應:現在面對一點淤泥效應,未來面對的淤泥效應就會更少。

淤泥效應不好嗎?

不久前,我向一群學生詢問他們在某大學得到的醫療照護服務,想知道有什麼地方需要改進。兩位受訪者點出心理健康方面的問題。他們說,如果因為心理健康問題想要約診,得分別打電話到兩個不同的單位,還要填寫一些複雜的申請表格。他們也提到,精神疾病問題遭到汙名化,而在你已經被疾病所困的時候,最不想碰上的就是陷在淤泥效應裡動彈不得。

其中一位表示,經歷一些不順利後,讓她覺得不值得再試著去約診了。這裡的故事並未落得悲慘的下場,但在全世界,許多有心理健康問題的人都得面對淤泥效應,而很多人最後也決定放棄。

淤泥效應一定是件壞事嗎？當然不是。淤泥效應的程度可以分成過多、太少，或是剛剛好。假設是面對人生的重大議題，像是離婚，製造一點淤泥效應也許是很好的主意。（後續會在適當時機詳細討論。）網路上各種「您是否確定要……？」的問題或許看起來很煩，但這些問題對個人或社會都還是有些好處。要求民眾明確表示自己是否確定要刪除某份重要文件、放棄自己的法律權益、寄出一份語氣憤怒的電子郵件，或在社群媒體上發表文章，雖然會造成負擔，但或許是為了避免讓人犯錯，或承擔一時衝動的結果。我會在後續適當章節再詳述值得安排淤泥效應的合理原因，但我在這裡談論淤泥效應，用意主要還是希望能埋葬這些做法，而不是大加讚揚。

推力與淤泥

談到這裡，有些人可能會開始想知道淤泥效應與推

力（nudge）的關係。簡單來說，「推力」可以說是公私部門採用的某些措施辦法，希望引導民眾往特定方向前進，但同時仍然允許民眾走自己的路。舉例來說，一項提醒、一項警告，都算是推力。GPS裝置是推力；用預設規則讓人自動加入某項計畫也是推力。如果要說某項措施屬於推力，條件之一在於不能提供過度的具體獎勵（還有限制）。喜歡推力的人常常強調「把事情變簡單」的重要性。如果目標是想改變人的行為，一個合理的問題就是：為什麼大家不這麼做？知道了答案，就能設法消除障礙，而這裡的障礙就有可能是淤泥效應。

　　這裡應該很清楚，推力既可以有好的用途，也可以有壞的用途。消費者可能被預設要參加某種昂貴的醫療照護計畫，但其實並不符合他們的需求。消費者可能被預設要為某支手機或筆記型電腦買保險，但其實並不符合他們的利益。消費者有可能受某種以行為科學為依據製作的廣告影響，這樣的推力會讓人想購買菸品或酒類，但這些消費只會讓他們的人生愈來愈糟。推力就

是一種工具，而且效果不亞於各種補助、罰款或刑事
制裁。想評估推力的效果，就得先知道推力能帶來怎樣
的福利效果（welfare effect）：了解推力能做到什麼，又
需要付出怎樣的代價。最好的判斷方式其實很簡單：推
力是否真的改進民眾的福利？是否改善民眾的生活？當
然，「福利」的概念也必須說得具體一些，而且必須強
調有許多人很重視公平分配（fair distribution），希望特
別照顧社會中最弱勢成員的福利（這稱為「優先主義」
〔prioritarianism〕）[5]。

　　有些措施能夠確保民眾不會魯莽行事，既可以稱為
（有用的）推力，也可以說是淤泥效應，但用意就是要協
助民眾多加慎重，少些衝動。有篇重要的文章，標題就
直指這件事的核心：〈購槍等待期減少槍枝造成的死亡
數〉（Handgun Waiting Periods Reduce Gun Deaths）。[6]從這
個觀點而言，可以看到同樣是好的推力，有些是減少阻
力（讓事情變簡單），也有些反而是增加阻力（讓事情
變困難）。增加阻力的推力，可以說是在「促進深思熟

慮」，目標是鼓勵民眾仔細思考，讓人面對某些行動抉擇（像是購物、改變醫療照護或付款方案、某些重大決策）時，能夠三思而後行。如果講到的是消費者行為，「促進深思熟慮」就會是件好事，屬於一種重要的推力，而且常常是多多益善。

因此，我們畫出一個四格的表格（請見表1.1）。在其中的第（2）格，推力與淤泥效應的概念會有所重疊。雖然我對這一格也有些內容想談，但我主要會關注的是第（4）格。當然，有興趣的人可以自行推導其中更精確的意涵，但只要是讓人難以達成目標的障礙，像是網站設計太複雜、需要回答的問題太多、字句令人困惑、別有所圖的用詞，無疑都屬於淤泥效應。

一場與淤泥效應的戰爭

回應2020年掀起的新冠肺炎全球疫情，美國也開始一場與淤泥效應對抗的戰爭。雖然多數人或許無感，但

事情確實發生了。

在極短的時間內，政府採取一系列十分積極的措施，減少過去對醫師、護理師、醫院、病患與各種公私必要服務使用者的行政阻礙。全球疫情讓公家機關正視

表1.1 推力與淤泥效應

	低阻力	高阻力
有益	第（1）格 **有益而「讓事情變簡單」的推力**：例如各種簡化措施、機場地圖、自動登記加入有利的退休金方案	第（2）格 **促進深思熟慮的推力或淤泥效應**：例如各種「您是否確定要……？」的問題；冷靜期；等待期
有害	第（3）格 **有害而「讓事情變簡單」的推力**：例如自動登記加入某些昂貴且無價值的方案	第（4）格 **淤泥效應**：例如各種填表地獄、申請駕照或簽證時需要極長的等待期

淤泥效應的問題，也就帶來令人印象深刻的迅速改革。
以下舉幾個例子：

- 就「補充營養援助計畫」（Supplemental Nutrition Assistance Program，原稱「食物券計畫」〔Food Stamps Program〕）而言，過去使用者長期以來得先親自出席接受面談，才能得到援助。美國農業部（US Department of Agriculture, USDA）不再堅持這項要求，而是提供「全體核准」（blanket approval），讓各州能夠直接向合格者發放援助。[7]
- 美國國稅局（Internal Revenue Service）原本宣布，想取得「家庭優先冠狀病毒應變法案」（Families First Coronavirus Response Act）的補助資格，就必須填寫報稅單，即使是原本就在領取社會福利、通常無須報稅的人也不例外。在這項淤泥效應的影響下，可能會讓許多符合條件的人永遠領不到依法應得的錢。在輿論壓力下，或許也是發現這

種構想的愚蠢之處，美國財政部最後回心轉意，表示原本就在領取社會福利的人將會自動收到這筆款項。

- 美國衛生及公共服務部（Department of Health and Human Services）則提出最積極消除淤泥效應的一些措施。[8]除了減少大量的文書、報告與稽核要求，更重要的是核准數十項醫療服務可以採用遠距醫療。該部表示，政府「允許採用遠距醫療，滿足臨床醫師對於復健機構、安寧療護與居家照護病患的看診需求。」此外，政府也允許使用聯邦醫療保險（Medicare）支付實驗室技術人員前往民眾家中採檢的費用，也就消除民眾親自前往醫療機構採檢的需求（進而避免染疫風險）。

- 美國食品藥物管理局（Food and Drug Administration, FDA）也在許多領域提供各州政府更大的處理彈性。舉例來說，FDA就允許紐約州衛生部（New York State Department of Health）自

　　行決定是否對病患採檢；這在過去需要經過FDA
正式授權（也就會出現淤泥效應）。[9]

　　為什麼會出現這些情況？疫情之所以會掀起一場對
抗淤泥效應的戰爭，原因之一在於對於成本效益有了新
的計算觀點：無數民眾已經陷入疫病或貧窮的時候，各
種文書作業與其他負擔所造成的不利影響就會呈現指數
成長。在一般情況下，為了確保取得福利的人都確實符
合資格，又或是為了避免某種社會危害，一種可行、甚
至是合理的做法，就是允許時間有些拖延，或是要求民
眾去做些算不上有趣的事。但如果在民眾已經面臨死亡
風險的時候，查核就應該有所放寬，要願意接受一些沒
那麼精確、或沒那麼理想的做法。這可能正是為了拯救
生命應該付出的代價。

　　更廣泛的說法則是，如果是公務人員等人造成淤泥
效應，應該是他們有某種判斷，認為這麼做是件好事。
有時候這種判斷只是出於直覺，相對而言並不正式，並

不是根據什麼明確的數據。有可能只是覺得「要領福利的話，至少該來參加面談，證明自己有資格吧」。也有時候，這種判斷確實有背後的依據，能夠用來決定該施加多大程度的淤泥效應。但面對新的局面，或許就會發現當下的淤泥效應程度已經變得不適當。淤泥效應帶來的危害常常很不明顯，但有了疫情做背景，卻變得昭然若揭。

另一個原因較為微妙，也更為根本。在新冠疫情期間，無數人對自己的健康或財務狀況感到恐懼、困惑、焦慮，或是不知所措。可能是得應付小孩在家上課，或是有生病或年老的朋友親戚，也可能兩者兼而有之，甚至是自己染疫。這些人已經擔心受怕、心亂如麻，沒剩下多少心力能夠應付淤泥效應，無論這是來自政府或民間的淤泥效應。這時淤泥效應就有可能將他們擊倒，而且他們遇上淤泥效應的地方，有可能正是為了申請他們的財務或健康所依賴的計畫。

對許多人來說，就算沒有疫情也會深受淤泥效應之

苦，因此，可以說每年都是向淤泥效應宣戰的好時機。[10]
一個城市、州或國家如果出現普遍的淤泥效應，最不幸
的狀況就是民眾變得習以為常，開始順著淤泥效應來塑
造自己的偏好，甚至對此毫無怨言，[11]就像家具一樣融入
生命的背景。但到了疫情期間，各種風險利害關係急劇
增加，對數百萬人來說，缺乏心力去應對的問題也惡化
到難以計量。這套家具必須搬走。如果政府的目標是為
民眾提供醫療協助，或是讓民眾的財務能夠支撐下去，
那麼「簡化」、「免責」、「自動化」就會是很好的座右
銘。雖然「消除淤泥效應」乍聽之下不像是值得最優先
處理的事，但這能影響事情究竟感覺「相對簡單」或
「深感困難」，甚至會造成生與死的差異。

預先安檢計畫的效益

疫情期間，民眾自然特別需要各種及時雨，但事
實上，在無數的領域也都能看到消除淤泥效應的好處。

為了讓讀者迅速了解相關好處，讓我們以「預先安檢計畫」（TSA PreCheck）為例：這是美國在2011年採用的加速機場安檢計畫，希望減少標準安全流程對許多旅客造成的過度負擔。只要登記參加預先安檢計畫，就能迅速通過安全檢查，縮短排隊過程，這顯然能夠縮減淤泥效應。最近一年，登記人數就達500萬人。這項計畫有何好處？

根據保守的假設，這500萬人平均每年通關4次（這個數字已經將新冠疫情考慮在內），也就是總共會達到2000萬人次。如果再做個合理的假設，假定每次通關平均可以節省20分鐘，這樣一來省下的總時數每年就高達4億分鐘。最後，假設每小時的平均價值為27美元，[12] 預先安檢計畫所帶來的價值也就高達1.8億美元。不管從哪一年來看，很少有法規能帶來這麼龐大的效益。當然，我們並不知道這項計畫的成本，但要說成本接近1.8億美元，實在不太可能。

確實，大多數縮減淤泥效應的措施都不太可能帶

來超過1億美元的價值，但只要有一大群消費者（例如10萬人）都能省下一定的時間，這樣帶來的福利就絕對不容小覷。而且重點在於，光是把省下的時間換算成金錢，還不足以充分展現相關的好處。這項措施還有一些心理上的好處，那就是減少讓人挫折、焦慮，甚至是羞辱的感受。只要能縮減淤泥效應，就能重新找回尊嚴與尊重。一個處處充滿淤泥效應的社會會使人民感到恥辱；而縮減淤泥效應，就能減少恥辱（這一點會在後面詳談）。

縮減淤泥效應的好處

雖然知道縮減淤泥效應已經能夠節省時間，帶來心理上的好處，但這些依然不算是事情的全貌。現在我們已經看過夠多的例子，知道這能讓人民更方便取得各種商品與服務，包括金錢、醫療照護、重要產品、教育、工作培訓、經濟機會。對一般人而言，縮減淤泥效應可

以改變生活。對公司而言,能夠提升銷售額與商譽。對員工而言,能夠顯著提高幸福感。對政府而言,能夠大幅提升績效。

美國一直有一項方案,是為清寒學童提供免費的餐點(早餐和午餐),但長年來的問題就是許多家長都沒幫孩子申請。這件事的原因不明,可能是家長太忙、可能是不知道怎麼登記,也可能是收到政府公文就手足無措或是沒能看懂。美國國會為了提升持續低迷的申請率,決定允許農業部推出直接核可計畫,不再需要由家長大費周章申請。[13]只要州政府或地方教育單位有足夠資訊判斷學童符合資格,就會自動將學童加入名冊。近年受惠於該計畫的兒童人數已經超過1500萬(約占合格人數的91%.)。[14]縮減淤泥效應,也就大大加惠這些學童與家庭。

同樣的,簡化「聯邦學生補助免費申請」(Free Application for Federal Student Aid, FAFSA),也就大大提升低收入學生提出申請,最後進入大學的可能。[15]光是靠

著「簡化表格」，政府就能讓清寒民眾（包括許多有色人種）得到上大學的機會。此外，許多州現在也已經採用自動選民登記，只要符合投票條件的公民和州立機關有任何互動（像是拿到駕照），就會自動登記為選民。[16] 奧勒岡州開始實行自動選民登記之後，新選民的人數不到一年就增加25萬人，其中真正出來投票的人更高達近10萬人。[17] 而在世界上其他國家，自動選民登記的做法並不少見。再者，私部門能夠做的努力還更多，像是協助勞工選擇不同的健保方案、讓消費者及員工更容易陳情或提供意見，以及協助民眾避免嚴重風險等等。[18]

文書作業精簡法案

美國在1979年頒布「文書作業精簡法案」[19]，原本的目的在於減少對人民的管制，希望把美國人需要面對的文書作業減到最少，並把所得資訊帶來的利益放到最大。就這種精神而言，也就是要縮減淤泥效應。法案的

主要條款[20]寫道：

關於資訊蒐集與文書作業的管控，（管理預算局）主任應：

(1) 審查與批准提案機關蒐集資訊；

(2) 針對資訊與管制事務處、聯邦採購政策處就聯邦政府採購、收購相關資訊蒐集的審查，進行居中協調，特別著重於應用資訊科技，以提升聯邦採購、收購、支付的效率與效能，並減輕資訊蒐集對公眾造成的負擔；

(3) **盡量降低聯邦資訊蒐集造成的負擔，特別著重於遭受最不利影響的個人與實體；**

(4) **針對聯邦政府所執行、或為聯邦政府所執行的資訊蒐集，盡量提高所得資訊的實際效用與公共利益；**

(5) 訂定並監督各項標準與指導方針，供各機關據

以評估遵照提案進行資訊蒐集的負擔。

就我們目前的討論重點而言，其中最重要的規定是標為粗體的第（3）與第（4）條。會說「盡量降低」，意思是文書作業的負擔不應超越推動該機關目標所必須。而這裡的重點就在於成本效果：如果有不同的辦法都能夠推動目標，就該選擇負擔較低的方式。

而既然又要「盡量降低」，又要「盡量提高所得資訊的實際效用與公共利益」，可以想像這套「文書作業精簡法案」其實也是在建議要對一種成本效益進行測試：**付出文書作業的成本，就必須帶來說得通的效益。**但到目前為止，仍然沒有看到有系統性的研究去調查哪些文書作業通過這項測試的考驗；民眾也沒有機會在法庭上質疑各種文書作業負擔，像是用法律用語來說，就是去質疑這些做法太過「恣意」（arbitrary）或「專斷」（capricious）。

這一切會造成嚴重的問題。許多人喜歡放鬆管制，

覺得這樣能夠讓經濟從毫無意義的限制中得到解放。但也有許多人厭惡放鬆管制，覺得這是讓民眾失去最基本的健康與安全保障。不論喜歡或厭惡，所謂放鬆管制，常常指的是去解除「命令人民去做某些特定事項」所帶來的各種負擔，這些事項就包括像是減少空氣汙染、提高最低工資、改善車輛安全、在菸盒上加上嚇人的健康警示圖片、降低工人罹癌風險。

　　講到放鬆管制，不一定會想到要縮減淤泥效應，[21]但這實在是理所當然。有鑑於淤泥效應會造成各種實質與抽象的成本，實在該把縮減淤泥效應視為重中之重，就算是對其他事情有不同意見，也該在這件事情上深具共識，甚至是熱情鼓掌。每次政府提出文書作業要求，都該問問成本效益的問題。這些負擔真的合理嗎？會有多少助益？又會造成多少傷害？政府也該思考分配的問題：究竟是哪些人得到幫助，又是哪些人受到傷害？淤泥效應是不是傷害社會裡最弱勢的那批人？淤泥效應是不是影響貧窮或絕望的人，或是某些正在掙扎的人？

114億小時

「文書作業精簡法案」要求管理預算局提出年度報告，稱為「美國政府資訊蒐集年度預算」（Information Collection Budget of the US Government），[22]而管理預算局就會量化呈現美國政府每年對公民提出的文書作業要求。2017年報告發現，聯邦文書作業一年就耗掉美國人114億小時，[23]而且數字還在隨著時間不斷增加。

「114億小時」這個數字很值得我們稍微停下來討論一下。假設我們找來芝加哥所有居民，堅持每個人都得一週工作40小時，一年來只做填寫各種聯邦表格這件事，到那年年底，芝加哥270萬公民所累積的文書作業時數還是遠遠不及這114億小時。

這114億個小時茲事體大。[24]如果我們以時薪27美元計算，[25]就相當於3078億美元，這大約超過美國教育部預算的四倍、國務院預算的六倍，以及能源部預算的十倍。讀者應該已經能夠理解，這個金額其實還大大低

估這個問題。面對淤泥效應，會讓民眾難以躲開那些令人難以承受的重擔。

　　對此，我們該怎麼辦？

2

淤泥效應的傷害

　　如果投票得排隊等上好幾個小時，你大概不會去投票。如果信教得先經過政府許可，你大概不會信教。「政府若徵收人民財產，應該提供賠償」，這話說來輕鬆，但你得做多少事，才能得到這項賠償？憲法或許規定人民有權利得到公平的審判，但在你遭指控犯罪的時候，到底該怎麼做，才能得到公平的審判？

　　美國憲法修正案第一條談到言論自由，有一大部分的內容就在談淤泥效應，也讓某些類型的淤泥效應形成

違憲。目前根據美國法律，幾乎完全禁止「事先限制」（prior restraints），也就是不能在人民言所欲言**之前**就對言論提出限制。要是你得先申請許可，才能發動街頭抗議，你大概不會去抗議。[1]美國憲法就是注意到這點，大法官才取消言論的授權機制。禁止事先限制，其實就是禁止淤泥效應。[2]如果是專制的領導者，一心想要壓抑人民的權利，就會安排大量的淤泥效應，這就是他們的第一步，而且多半已經能得償所願。

　　縮減淤泥效應，就能讓民眾擁有權利，而不是只能被動的請求得到權利，而創造淤泥效應的作用正好相反。

一個小例子

　　就算不計入新冠疫情的狀況，如果醫師和病患陷入淤泥效應，真的有人可能會喪命。[3]而透過各種倡議與法律來縮減淤泥效應，也就能拯救千萬平民。[4]鴉片類藥物的使用就是鮮明的例子。舒倍生（Suboxone）已經成為

治療鴉片藥物成癮（opioid use disorder, OUD）的關鍵，
而且被視為是治療這種疾病的黃金標準。舒倍生結合丁
基原啡因（buprenorphine）和納洛酮（naloxone），能夠
減少病患對鴉片藥物的渴望，大大減少病患使用鴉片過
量、甚至致死的可能。

　　目前，鴉片藥物成癮的診治常常是在急診室，是在
急診發現患者用藥過量或需要幫助時，才來緊急救治，
讓病況穩定。開立舒倍生作為長期處方箋還不是常規的
做法。這種能夠挽救生命的做法早該成為照護的標準，
但事情卻並非如此。原因何在？答案就在淤泥效應。[5]

　　根據美國聯邦法律，美國醫師要先取得能夠豁免相
關規定的「X豁免」（X waiver），才能開立有丁基原啡因
成分的藥物（例如舒倍生）。由於申請X豁免需要花費時
間與心力，也就讓許多原本會願意開立相關處方的醫師
望而卻步。要是能有更多醫師取得X豁免，為已知有高
度復發風險、也有治療意願的病患開立舒倍生處方，就
能降低因為鴉片類藥物成癮而死亡的人數。

　　許多醫師雖然有開立處方的意願，卻因為取得X豁免所需要面對的淤泥效應而決定放棄。也有許多人雖然已經付款註冊相關培訓，卻沒上完總長八小時的模組課程。還有大約30%的人就算已經撐完課程，也支付相關款項，卻沒能填完培訓後的表格。確實如某些人堅持培訓很重要，但問題在於，就現在的形式而言，培訓能得到的好處真的夠划算嗎？

　　面對這種淤泥效應，許多醫師會積極鼓勵同事取得X豁免。雖然這是好事，但更好的辦法會是「徹底刪除取得X豁免的要求」。刪除這項要求，就能帶來重大的效益，讓許多想要做對事情的醫師更容易開出治療鴉片藥物成癮的處方，也就能避免不必要的民眾死亡。

　　淤泥效應的例子絕不只有這一項，而是護理師與醫師每天都必須面對的日常，既沒有必要，又讓人心力交瘁，浪費大量時間與金錢，到頭來也使得醫療照護的品質下滑。美國醫療照護之所以成本如此高昂，有一大部分是淤泥效應所致，這也代表著如果能夠縮減淤泥效

應，就能使這些成本顯著降低，讓醫院、醫師、護理師與患者都大大受益。[6]

各種不同的成本

目前應該已經很清楚，淤泥效應會帶來各式各樣不同的成本，有些容易用金錢來衡量，也有一些很難這麼做。當然，有些人會認為兩者並沒有太大的區別，畢竟時間確實能換算成金錢：大概每小時27美元（就像我們在第一章的討論）。但就時間而言，任何這樣的換算還是太粗糙，像是有許多人一小時的價值其實沒有那麼多，但又有許多人一小時的價值沒有那麼少。在很大程度上，這要看每個人是用這一小時來**做**什麼。某些人會覺得，就算面談一小時就能得到極大的好處，但因為過程會讓他們太痛苦，於是寧可放棄那些好處。但也有些人會覺得，一小時的面談哪有什麼困難？

要是淤泥效應帶來的是情緒上的成本（像是感覺挫

51

敗、屈辱），就特別難以換算成等值貨幣；但就算是情緒成本，也還是能夠換算，只要我們相信各種成本的本質相同，也把淤泥效應視為一種成本，原則上就能將淤泥效應依嚴重的程度不同，換算成等值貨幣。但各式成本之間除了這種量化的比較，性質上的不同也十分重要。

舉例來說，一邊是一筆稅款或一張罰單的金額，另一邊是令人心累而永遠填不完的表格地獄，這兩者就有著性質上的重要差異。再舉一例，如果是為了取得某項證照或簽證，一邊是付一小筆手續費，另一邊則是被問上一連串令人覺得尷尬的個人隱私問題，這兩者也有著性質上的重要不同。有些淤泥效應，就是會讓人覺得自己彷彿是二等公民。

淤泥效應為何重要

為了理解淤泥效應為何重要，讓我們先假設人類是完全理性的動物，會先計算成本與效益，再決定該不該

試著克服眼前的淤泥效應。就算克服淤泥效應能有很大的好處，有可能權衡之後還是覺得成本太高。[7]這裡說的成本，有的是**資訊**成本，指的是取得資訊的過程可能很艱辛且昂貴；有的是要付出**時間**成本，而很多人就是沒有時間；也有的是要付出**心理**成本，也就是要克服挫折感、汙名化或羞恥感。裡面任何一點出問題，都會讓人難以克服淤泥效應。

有時候可以說，要克服淤泥效應就是不可能的事；例如得填的表格多到太誇張，或是手頭沒有、也無法取得所需的資訊。光是這些因素，就已經有助於解釋為什麼美國人民對於許多聯邦計畫和州計畫的申請率低得驚人，[8]也能了解民眾在取得各種許可或證照執照時常常遇到怎樣的巨大困難。[9]我們甚至應該說淤泥效應是一種對自由的阻礙，會讓民眾難以前往夢想的前方。[10]要是你就像是陷入一陣霧裡，找不到出路，應該可以說在一定程度上就不那麼自由。

人當然不是完全理性的。只要讀過莎士比亞、狄更

斯或喬伊斯，或是仔細觀察過日常生活，就一定能注意到
這點。然而，心理學家與行為經濟學家數十年來研究判斷
與決策，已經指出人類距離完美的理性實在太遠，[11] 相關
研究指出，人類有著各式各樣的偏見。這些偏見會進一
步放大淤泥效應在現實世界的影響力。你可能會以為，
只要茲事體大（例如會影響真實的金錢），人類就不會
受到行為偏誤的影響。這種猜測雖然聽起來合理，但事
實不然。就算有著強大的財務誘因，民眾的行為就是與
應該要有的樣子不同。[12]

　　要了解淤泥效應與行為偏誤之間的關係，一項核
心概念在於對許多人而言，「惰性」都是一種強大的力
量，[13] 我們常常會把習慣的事一直繼續做下去。此外，人
類也愛把事情拖了又拖，[14] 只要不是非現在做不可，就
可能打算明天再說，而等明天到了，又想著再等到明天
吧。而且就算真的應該要現在就做，大家也可能再找出
拖延的理由。如果民眾有惰性，又有拖延的毛病，就有
可能永遠無法完成必要的文書作業。這就是採用「選擇

加入」（opt-in）設計的活動，參與率通常比「選擇退出」
（opt-out）設計的活動低得多的原因之一。[15]就算是對民
眾非常有利的活動，只要用了「選擇加入」的設計，參
與率就只有大概40%到60%之間。由此可見，即使只
是稍微有點淤泥效應，就會讓參與率從100%降到低於
50%。

　　而**現時偏誤**又會讓惰性的情況雪上加霜。[16]對許多
人而言，「未來」就像是異邦，我們根本不確定自己想
不想去拜訪。面對各種行政程序，總讓人很想改天再說
吧。結果就是這樣，即便拖延可能造成嚴重的結果，我
們卻還是一天拖過一天。

　　假設在這種情況下，國家法規又規定個人、小型
企業和新創企業必須填寫特定表格，才能得到重要的福
利，或避免重大的處罰，這時就可能覺得這項任務叫人
望而生畏，甚至連試都不想試了。又或者，他們可能本
來真的想做好那些該做的事，但碰上事情可以再放一
下，或者覺得好麻煩或好困難，就有可能想的是一套，

做的又是另一套。到頭來,所要付出的真實成本可能非常高,而且心裡感受到的成本還會更高。有可能雖然把事情開了個頭,但永遠到不了結尾。讓我們先跳到後面的結論:政府其實應該要「清理」現有的文書作業負擔,確保這些要求不會造成意外的後果,或是在無意間造成傷害,而這就是「淤泥效應稽核」(Sludge Audit)的概念。2020年,因為新冠疫情而讓美國對淤泥效應所發起的戰爭,就是一個很好的例子。

匱乏與淤泥效應

美國政府的行政部門有很多討人厭的術語。像是活動的成果叫做「可交付成果」(deliverable);開完會之後指派的任務叫做「待辦事宜」(do-out);要求提出行動叫做「詢問」(ask);和同事討論事情,如果得先中斷,等一下再繼續,會說自己不久後再「繞回來」(circle back);非政府人員,卻會公開贊許政府作為的人,叫做

「認同者」（validator）；如果和總統的會面被取消，叫做「被拉掉」（pulled down）；要是某項案子無法爭取到眾人投入足夠的時間或心力，不得不放棄或擱置，會說這是「頻寬」（bandwidth）不足的問題。當然，其他很多地方（包括在商界）都會用到這些說法，但在白宮裡就是用得特別頻繁。

在各種討人厭的術語當中，「頻寬」是最有用、也最有趣的一個。這個詞的核心概念認為，各種好點子就像個小宇宙，但政府人力有限，只能專注於其中一小部分來推廣實行。而這種頻寬有限的問題，有部分原因是出於政治因素。無論任何時期，國會議員、行政官員或大眾都有可能只想支持少數幾項提案。大部分的問題出在人的時間與心力並非無窮無盡。某項改革提案可能看來非常優秀，可能也吸引到相當多的政治支持，偏偏可能想執行提案的人還有事在忙，或者就是沒時間好好了解其中的優點。在政府內部，有些好點子之所以未能實行，並不是因為有人反對，而是因為政府體系已經頻寬

不足，沒有去好好了解這些點子。而事實證明，淤泥效應就是這樣的問題。

　　經濟學家很在意「匱乏」（scarcity）的問題：在資源有限的情況下（包括時間與金錢），如果各方需要爭奪資源，究竟該如何分配？森迪爾‧穆蘭納珊（Sendhil Mullainathan）與埃爾達‧夏菲爾（Eldar Shafir）有一本發人深省的著作，直指淤泥效應造成的影響，兩位作者從不同的角度出發，探討「匱乏感」，以及這種感覺帶來的心理與行為影響。[17] 各種不同的體驗有不同的匱乏感。人可能會感覺飢餓、忙碌、孤獨或貧窮，這些感覺的結果各有不同。而如果面對淤泥效應，就會覺得認知匱乏的問題格外嚴重，讓人難以迎向各種挑戰。

　　這種匱乏感會讓人彷彿進入一條認知的隧道，限制他們的視野，耗盡他們自我控制的能力，讓人變得更衝動，有時候甚至是變得有點愚蠢。認知匱乏的時候，就無法再關注其他事情，當然也就包括淤泥效應。腦子裡已經滿滿別的事情，就很難再處理新材料。

　　社會科學有許多這種關於「認知負荷」（cognitive load）的實驗，會請參與者試著解決各種複雜的問題，同時測試此時是否會影響他們在其他方面的行為，例如比較會選擇吃巧克力蛋糕，而不是選擇吃水果。結果多半發現人的自我控制能力會降低，於是比較傾向選擇吃蛋糕。匱乏感的作用正是如此，會形成一種「頻寬負擔」，對民眾造成負面影響。而淤泥效應也會帶來這種負擔；在人民平常就負擔沉重的時候，對新的負擔就難以招架。

　　穆蘭納珊與夏菲爾有一項實驗很能看出淤泥效應造成的不良影響：請一群人想像自己的車得要修理，費用為300美元；這時他們要選擇想立刻修好，或是願意等一段時間（希望修得仔細，就能開久一點）。接著兩位作者問道：你會怎麼做這個決定？這個決定是簡單還是困難？得到回應之後，作者再詢問一系列像是傳統智力測驗的問題。在這個階段，富人與窮人所檢測出的智力沒有任何不同。

　　到了實驗的第二個版本，作者提出一模一樣的問題，只有一個地方不同：修車費變成3000美元，而不是300美元。實驗結果十分驚人：回答完第二個版本的問題後，做了同樣的智力測試，但這次窮人表現出的智力明顯不如富人。這是為什麼？問題並不在於算數變得多難，因為只要作者提的不是跟錢有關的問題，富人和窮人處理大小數字並無區別；問題也不在於沒有解決問題的動機，因為作者會付錢獎勵正確的解答（因此窮人反而應該有更強烈的答題動機），但3000美元的版本仍然會讓富人與窮人在一般智力測驗上有著相當不同的表現。

　　對於沒那麼有錢的人來說，光是想到要湊出3000美元就十分傷腦筋。這會讓他們費盡心神，耗盡腦力，也就更難再做好後續的事，於是智力測試表現不佳。穆蘭納珊與夏菲爾也把這套實驗帶到印度，測試當地的蔗農在收穫前後的表現。蔗農在收穫前口袋空空，一心只想著怎麼過下一天；收穫後則是荷包滿滿，心力充足。智力測驗的結果也就顯示收穫後的表現遠遠比收穫前來得

好，程度差距令人咋舌：荷包滿滿所帶來的效果，相當於智力提升9到10個百分點。

　　頻寬匱乏也會降低民眾自我控制的能力。如果被要求背誦好幾組八位數字之後，這時候再遇上社交難題，就更有可能出現粗魯的舉動。這件事大致的教訓是，如果人的注意力已經被其他事情吸引，就更難克制自己的衝動。

　　因此，穆蘭納珊與夏菲爾十分相信，有些我們認為是個性的特徵（缺乏動機，注意力不集中），有可能其實是頻寬匱乏。這裡的問題在於匱乏，而不是那個人。這就像是有一台電腦，因為背景有太多程式在跑，它的反應因此變慢。這不是那台電腦的錯，只要你把其他程式關了就行。

　　匱乏所造成的問題多半也是如此。舉例來說，我們多半都有**規畫謬誤**（planning fallacy）的問題，也就是對於多久能完成某項案子估計得太過樂觀而不切實際。就定義而言，忙碌的人特別容易面臨認知匱乏，因為他們

忙著應付手上的事，無暇他顧。潛在的問題是，在這種「認知隧道」裡，就只會專注於眼前的問題。這樣一來，他們設法克服淤泥效應的可能性還剩多少？

誰受害最大？

為了解釋這一點，不妨參考經濟學者艾絲特·杜芙若（Esther Duflo）的說法。她曾榮獲諾貝爾獎，是全球數一數二研究貧困問題的專家，[18]她表示：

> 我們常常以為自己比窮人高上一等，會覺得：「他們為什麼不對自己的生活更負責一點？」但我們忘記的是，如果愈有錢，生活中就有愈多事情會由別人幫忙打點好，需要自己負責的事其實愈少。而愈窮，生活中的一切就愈需要自己承擔……不要再指責窮人不負責任了，而要開始想辦法讓窮人也能享受我們都有的這種奢侈，也就是能有許多人幫我們

做好決定。就我們而言，什麼都不做，就會繼續走
在正確的路上。但對於大多數窮人來說，什麼都不
做，只會繼續走在錯誤的路上。

光是要「找對路」，對於某些人、某些群體而言，
就是比較困難。像是如果你過於忙碌、老病殘窮，或是
家有老小，認知匱乏就會格外形成挑戰。這項結論特別
能點出「關注淤泥效應的分配效應（distributional effect）
有多重要」，也就是要問：「淤泥效應最有可能傷害到
誰？」[19]

我們可以看看英國的研究，了解縮減淤泥效應如何
改善分配問題。[20]自2008年起，英國開始將退休金方案
改為自動登記加入，這在全球相關改革當中，規模數一
數二。新政策採用自動登記，正好縮減淤泥效應。在改
革之前，心理健康較差的人，會登記加入退休金方案的
可能性遠遠較低。而這項改革就消除這種差異。正如作
者所言，這項研究的結果與其他研究一致，顯示就退休

金方案而言，採用自動登記，就能縮減低收入員工與女性參與的落差。

這項重點適用的範圍絕不只有退休金方案。在全球新冠疫情期間，之所以會讓人想要縮減淤泥效應，有部分原因正在於明確感受到分配問題。有許多的援助方案希望照顧的就是手頭沒什麼錢的人，或是年老或身陷疾病的人，要是這些人還得費盡千辛萬苦才能得到原本就打算發給他們的援助，有可能讓他們得到援助的時間太晚，甚至永遠得不到援助。所以，縮減淤泥效應也就成為對此合理的回應。

實務上有一點需要強調的是，淤泥效應的受害者常常就是最貧窮的人。這裡的核心原因在於，人一窮，就會遇上許許多多十分急迫的問題，樣樣都得耗費心力。[21] 這時候，如果政府還要求窮人去研究一整套複雜的系統怎麼使用，填寫一頁又一頁的表格，他們就可能會放棄。但不是只有窮人會遇上這種問題。有些原本是打算照顧年長者的方案，淤泥效應的問題也可能格外嚴重，特別

是年長者有認知能力下降的問題。

　　而出於另一些原因,性別平等問題在此也值得特別關注。[22]由於大半的行政事務,像是持家、煮飯、帶小孩,全都落在女性頭上,如果能夠大幅縮減淤泥效應,將有助於減輕普遍存在的社會不平等問題,也能在生活中的其他領域有所改善。

3

淤泥效應作為一種架構

　　讀到這裡應該已經可以了解，表面上看來並不起眼的淤泥效應，卻可能造成重大的後果；這就明確展現「選擇架構」（choice architecture）可能對結果造成的影響。[1]所謂的選擇架構，指的是做決定時的背景情境。像是超市的陳列（哪些商品放在視線平視的高度？一進超市最先看到什麼？）、網站的設計（哪些內容使用大號的字體？），或各種許可或貸款的申請文件設計。淤泥效應也會是選擇架構的一部分。店家可能會在你要買菸

（或電子菸）的時候施加一點淤泥效應，像是請你出示身分證明，填寫一些表格。網站也可能會出現一些淤泥效應，希望讓你不要選擇某些選項。有些申請程序也可能因為過程太過冗長複雜，到最後讓某些人、甚至是許多人都覺得還是算了吧。

　　每個選擇架構都可能充滿淤泥效應，但也可能幾乎沒有淤泥效應。各家企業很清楚這件事。如果企業想要你選擇某個選項，就會讓選擇過程非常簡單，除去各種淤泥效應。這就是所謂網路上的「暗黑模式」（dark pattern），也就是使出各種玩弄人心的手法，讓人乖乖交出手上的錢；而這些手法有一大部分就在於選擇性的增加或縮減淤泥效應。

　　我注意到，許多領域只要把登記方式從「需要民眾主動登記」（選擇加入）改成「自動為民眾登記」（選擇退出，也就是縮減淤泥效應），就可以顯著提高參與率。有一項特別誇張的研究來自哥倫比亞大學的彼得・柏格曼（Peter Bergman）與哈佛大學的陶德・羅傑

斯（Todd Rogers），兩位教授發現，要是去問學生家長，是否想要登記收到關於學生成績表現的警告簡訊，家長的參與率很低，大概只有1%。[2]如果把整個登記過程簡化，就能大幅提升參與率，來到大約8%。[3]但如果是直接幫父母自動登記加入，參與率就直接跳到96%！[4]採用「選擇退出」的做法，其實就是縮減淤泥效應，常常也就能用來實現一些重要的社會目標，像是教育、減少貧窮、消費者保護或氣候變遷等等。

　　當然，大多數時候就算改變選擇架構，也不會產生上面例子那麼大的效果。[5]從「選擇加入」改成「選擇退出」，通常能把參與率提升到大約26%，但這已經是很大幅度的提升。廣泛來說，如果能夠簡化程序，縮減淤泥效應，不但能減少民眾的挫折感，更能改變人民的生活。

成功的架構

　　投票權可能是最基本的一項權利，而且常常會受到

淤泥效應的影響。下面舉一個小例子，談談採用新的或
不同的架構能有怎樣的好處，而重點就在於如何克服頻
寬問題。[6]

對於數百萬美國人來說，要去投票的一大阻礙，在
於得先去查明登記成為選民的地點與方式，接著還得一
步一步完成步驟。於是，美國的選民登記也就出現非常
明顯的人口差異。像是在2016年，在所有符合條件但未
登記為選民的民眾當中，低收入與有色人種所占的部分
高到不成比例。[7]

就2016年總統大選而言，有31%的非裔、43%的拉
丁裔，以及稍微超過43%的低收入美國人並未登記成為
選民。被問到為什麼不登記的時候，有超過60%的合格
成人選民都表示，就只是因為根本沒得到登記的機會。[8]
在未登記的選民當中，有超過三分之一表示自己本來有
登記的打算，但最後就是沒登記成，或是覺得過程太麻
煩了。

想要縮減這種登記投票的落差，醫院可以在其中扮

演角色。有個地方特別能接觸到窮人與有色人種，那就是急診室。在這裡提供選民登記的服務，就能用醫院來縮減淤泥效應。相較於一般大眾，急診室有更高比例在照顧低收入、少數族裔與沒有健保的美國人。以2016年為例，美國全體人口的急診年就診率為每百人45.8人次。[9]但如果單就非裔來看，急診就診率就高得多，到達每百人80人次。此外，未受過大學教育、收入較低的民眾，也特別依賴用急診來進行非緊急護理。

雖然這一方面點出美國醫療系統當前的問題，但同時也點出提升選民登記的機會。在病患為了一些小毛病來到急診室的時候，急診人員很有可能必須先照顧病況更緊急的病人，於是那些輕症病患常常就得多等一會兒，時間可能長達四到六小時。在出現急性胸痛的時候，顯然這個時候不該去想什麼選民登記的問題。但如果只是要做個鏈球菌檢測，可能就要等上幾小時，這段時間就能有別的用途了。何不順便問問病患，要不要花個90秒登記投個總統票？

　　這在過去已有先例。美國各地設有社區健康中心
（Community Health Center）為患者提供照護，而在2008
年，美國全國社區健康中心協會（National Association
of Community Health Centers）就在這些中心展開投票登
記運動，結果讓超過1萬8000名低收入與中等收入公民
登記進入投票名冊。另一項計畫則是在2012年，地點
在紐約布朗克斯區的兩間聯邦認證健康中心（Federally
Qualified Health Center），結果顯示不但能讓大量選民輕
鬆完成登記，也無須擔心讓醫師耗費大量心力，有不當
政治影響或損害醫病關係。

　　許多尚未登記的選民都很樂意得到登記的機會，
一項研究發現，在醫院候診室詢問病患是否願意在當
場登記成為選民，同意率高達89%。[10]醫院一直是增加
選民登記的重要推手，例如麻州總醫院（Massachusetts
General Hospital）就曾發起麻州總醫院投票運動（MGH
Votes）。[11]麻州總醫院也採用一項名為「VotER」的方
案，[12]基本上也就是希望能縮減選民登記的淤泥效應，並

設置一座簡單的資訊工作站，可以讓人迅速完成投票登記。許多醫院也已經開始採用這項方案。將VotER方案擴大到各家醫院的急診室，預估將能得到絕佳的成效，而最重要的原因就在於：這種方式精確鎖定尚未登記的美國人會出現在哪裡，直接到那些地方去找人。

還有許多方式也能透過縮減淤泥效應來保護人民的投票權。像是有些人覺得到投票所排隊投票是種負擔，郵寄投票就能解除這些負擔。只要能夠控制作票舞弊的風險（就目前的證據看來並無問題），郵寄投票就會是縮減淤泥效應很好的方式，能夠維護投票權這種與自治精神息息相關的權利。

美國聯邦法律要求，各州應視情況寄發回函卡（return card），讓選民確認是否變更居住地；未回函的選民則視為已變更居住地，各州會將這些選民從投票名冊中除名。[13]有這項要求是件好事，可以減少選民遭到無故除名的風險。但與此同時，各州認定應寄發回函卡的標準卻又各有不同，有些州採認的是美國郵局（US Postal

Service）所掌握的地址變更資訊，但也有些州採認的方法顯然會除掉一些並未搬家、理論上仍然合格的選民。[14] 舉例來說，就算是合格的選民，也可能因為並未寄回回函卡，於是在四年間無法投票。[15] 美國選民（以及國會和最高法院）或許一派樂觀，覺得把回函卡寄回又不是什麼難事，但事實上事情就是沒那麼樂觀。[16] 還得寄回那張卡，就是一種淤泥效應，而且有些人就是會忘記。

　　到了第四章，我還會再回頭來談關於投票權和淤泥效應的問題。而我現在想強調的是，講到投票與投票登記，其選擇架構就有可能出現或多或少的淤泥效應，而對於這項民主程序來說，程度究竟是多或少，也就至關重要。

架構與建築師

　　很多時候，會出現怎樣的淤泥效應，其實是背後那些「建築師」刻意營造的結果。但也有其他時候，淤泥

效應造成的影響遠遠超乎建築師的預料。像是有許多人對於民眾克服惰性的可能性太過樂觀，簡直不切實際。就算是相關的專家也會跌破眼鏡，沒想到有那麼多以為能夠縮減淤泥效應的策略，到頭來效果竟然這麼差。舉例來說，就算特別提醒民眾該做什麼，他們卻可能視若無睹。像是在私部門，聰明的行銷人員也可能運用淤泥效應做個投機操作：表面上讓消費者覺得買到賺到，但事實上早就算得清楚，知道民眾並不會好好去讀那些細則或抓緊良機。[17]

　　而在公部門，淤泥效應則可能產生意想不到的傷害。特別是政府或許沒想到，淤泥效應會對自己本來想協助的人造成多大的不利影響。根據個人（以及作為律師）的經驗，我可以告訴大家，這裡常常是律師搞出的問題，不但製造出各種淤泥效應，還一心相信這哪算什麼問題。表格才四頁，填起來哪有什麼困難？不過是過去15年的工作經歷和居住地，誰會不記得呢？或許是如此，或許不是，也或許這就是比我們這些律師以為的難

上許多。私部門也有類似的情形，因此就算是企業、非營利組織與教育機構，也能從淤泥效應稽核中受益。

　　但沒有人該懷疑，有時政府機關就是會故意製造淤泥效應。他們其實很清楚自己在做什麼，是在充分了解淤泥效應影響力的時候，刻意打造出這樣的選擇架構。有時候，政府機關會同意推出一些預算成本驚人的清寒補助計畫，但其實背地裡並不喜歡那項計畫，於是就用淤泥效應來降低成本，或是減少計畫的影響力。政府完全心知肚明。也有時候，想推動某項計畫來保護沒有政治權力的弱勢群體，就得付出一些淤泥效應的代價。計畫本身或許看起來十分大方，但在細則當中，卻處處藏著淤泥效應。

　　也有很多時候，政府機關只是回應著各種政治價值觀與承諾，並不是要隱瞞任何事。這時淤泥效應的目的是降低成本，確保得到執照的人都確實符合資格，或是避免不需要或不值得的人取得補助。我們後面會再回來談這點。

　　私部門也會有類似的事。像是透過淤泥效應，確保只有合格民眾取得像是貸款之類的事物。然而，有時候故意使用艱深的詞彙也可能是出於自私的理由：如果文件內容冗長又複雜，讓人如入淤泥，使用者就有可能根本沒看懂其中的關鍵條款。[18]在某些最糟的情況下，就會讓人自動接受某些條款或條件，或是承擔某些財務責任，但根本不是自己真正有意識「同意」這些事；這裡的根本問題就是淤泥效應。目前已經有很充分的理由推出一種新的權利，那就是**不被操縱的權利**。而淤泥效應就有可能侵犯這項權利。但如果是公部門用淤泥效應來操縱民眾，問題就大了。

　　前面已經提過「暗黑模式」的概念，也就是「使用者介面的設計透過強迫、引導或欺騙的方式，讓使用者做出無意且可能有害的決定。」[19]無論公部門或私部門，都有暗黑模式的蹤影，形式絕不僅止於淤泥效應。想做到欺騙與引導，可不一定需要採用淤泥效應的形式。舉例來說，如果把某些比較昂貴、有害的做法或結果變得

比較容易做到（這是暗黑模式的一種），就可能讓人受到推力的影響，做出有害的選擇。而在這種時候，並不一定是淤泥效應的作用。另外企業也可能有一些像是附加成本之類的「隱蔽屬性」（shrouded attributes），刻意不讓消費者得知，但應該也不算是淤泥效應。[20]或許該說，只有在「消費者必須確實做些什麼才能得知這些屬性」的狀況下，才屬於淤泥效應的範疇。

但不論怎麼回答這個問題，的確有許多暗黑模式都與淤泥效應有關，而且確實非常暗黑。

4

淤泥效應發威

我們應該來整理一下，看看有哪些類別的計畫或多或少受到淤泥效應的各種不利影響，這樣應該會很有價值。理想上，整理的範圍不該只有美國，還應該涵蓋全球。但我在這裡還是以美國為主，希望能達到拋磚引玉的效果；主要提出的有四個領域：福利方案、職業許可、學生簽證、基本人權。以下討論有部分是取材自帕蜜拉・赫德（Pamela Herd）與唐納・莫伊尼漢（Donald Moynihan）兩位教授出色的論述；他們的精彩著作《行

政負擔》（*Administrative Burden*）就提出一系列個案研究，討論行政負擔造成的影響。[1]他們的論述相對較為全面，而且因為情勢不斷轉變、各國局勢不同，我們確實需要更多這樣全面的論述。本章的目標訂得很保守，只是希望能夠說明這項問題，提出一些比較廣泛的經驗教訓。

我的核心重點很簡單：有些情境下，淤泥效應會是嚴重的問題；但在其他情境中，政府也確保淤泥效應幾乎不會有什麼影響。為私部門提供類似的認知也很有價值，像是知道某些業務應該盡量縮減淤泥效應，但其他業務則該讓淤泥效應盡量擴大。大致而言，類似的認知會很像是這樣。[2]舉例來說，在消費者想要取消訂閱的時候，許多公司都會刻意讓這種步驟需要花費大量的時間和心力。企業會把相關規定藏起來，消費者必須掙扎克服淤泥效應才能找到。企業也會讓某些規定超出一般消費者能夠理解的範圍。以下討論到每一種淤泥效應的用法，都能找出在商業上的對應。淤泥效應常常就是一種

操縱的形式；而且正如我們所見，淤泥效應也是暗黑模式（特別是在線上）的一個組成部分。私部門的情形與政府並無不同，忽略淤泥效應的問題，有時候就會在無意間造成傷害。

福利計畫

社會安全

　　就淤泥效應而言，美國的社會安全計畫會是個模範：設計簡單、很多方面都是自動完成，幾乎可說接近零淤泥效應的境界。正如赫德與莫伊尼漢所言：「全球最大的簿記組織消除各種負擔。」[3]美國政府處理許多原本會形成淤泥效應的事，這使得現在民眾幾乎沒有什麼需要親自動手。原因之一，就在於社會安全局（Social Security Administration, SSA）會追蹤民眾的收入，自動判斷他們是否符合取得福利金的資格、屬於何種等級。只要你合格，就能從線上登記註冊，或是前往全美1200個

地方辦事處辦理。[4]完成之後，通常在一個月內就會看到社會福利金直接存進你的銀行戶頭。[5]事實上，社會安全計畫的做法十分值得效法。面對要領取福利金的年長民眾，社會安全局幾乎讓一切都自動化，就像是現代化的交通監理處，只要點幾下滑鼠，就能自動完成駕照更新，並郵寄到家。對於許多退休民眾來說，幾乎不用感受到半點麻煩，就能領到社會福利金。

這就歷史而言相當諷刺。在1930年代，曾經相當反對社會安全的概念，當時的理由正是認為會對行政造成嚴重的負擔。[6]但美國聯邦政府最終成功克服這項挑戰，有一部分就是靠著打造出「社會安全號碼」這套系統，讓政府能夠更容易追蹤民眾整個工作職涯的收入。[7]社會安全局十分努力，大致上也確實讓民眾得到方便，不管是要掛失社會安全卡、提出各種申請、確保撥款正確，都能輕鬆完成。[8]對民眾來說，社會安全計畫大致上運作良好。目前美國年長者的貧窮率只有9%，但如果排除社會安全福利金，百分比就會飆到40%。[9]在受益人當中，

幾乎三分之一有超過90%的收入都是靠著社會安全計畫在支撐。[10]

美國有些官方計畫的採用率也很高,原因多半就在於淤泥效應的程度較低。一個主要的例子是聯邦醫療保險(Medicare)的A部分(Part A),民眾只要向社會安全局申請退休或殘障福利,就會自動登記加入名冊。[11]而根據2000年代早期的資料,美國衛生及公共服務部正是依據這份資料在2012年公布一份議題簡報(Issue Brief),指出聯邦醫療保險A部分的採用率高達99%。[12](可以清楚看出自動登記的驚人成效。)至於B部分與D部分也並未落後太多,採用率分別來到96%與93%。[13]

勞動所得稅收抵免

所謂勞動所得稅收抵免(Earned Income Tax Credit, EITC),指的是提供給低收入勞工的工資補貼;勞動所得稅收抵免方案的淤泥效應程度同樣相對較低。[14]設計提供給清寒民眾的福利方案,成效多半差強人意,採用

率落在30%到60%之間；但勞動所得稅收抵免的採用率高達80%。[15]這可以說是大好的消息，因為勞動所得稅收抵免方案正是美國最有效的脫貧方案之一，而且因為這項方案等於提高勞動的報酬，也就大幅提升勞動參與率（labor force participation）。[16]此外，勞動所得稅收抵免也使美國貧窮率大幅下降，並且特別能夠幫助到兒童，改善兒童的健康、認知能力，以及長期教育前景。[17]

就勞動所得稅收抵免方案而言，之所以能夠維持較高的採用率，是因為淤泥效應的程度相對較低。申請這項方案所需的文件並不繁瑣，只要有標準報稅單就可以了。只要是看來符合資格的人，就會收到美國國稅局寄送簡單明確的提醒，而這也大幅提升民眾的參與率。[18]這樣一來，也就協助克服認知匱乏的問題。美國國稅局也有一些志工方案，提供免費報稅協助。參與這些方案並不會讓人感到挫折或屈辱，也就不會造成高昂的心理成本。

當然，勞動所得稅收抵免的簡便或自動化程度還比

不上社會安全福利，不過在縮減淤泥效應排行榜上的排名仍然很高。要是還有20%的合格民眾並未取得或許會使生活全然改觀的福利，這絕對是個嚴重的問題。我們幾乎可以肯定，美國國稅局應該擁有足夠的資料，能夠將合格民眾自動登記進入名冊，提供退稅，而且這實在也是國稅局理應去做的事。[19]話雖如此，這些從勞動所得稅收抵免受益的人所承擔的行政負擔，已經比原本的負擔低很多。

應該會有人想問，為什麼勞動所得稅收抵免的行政負擔這麼低？如果講的是社會安全福利，政治人物確實有強烈的動機要去縮減淤泥效應，因為這是許多年長民眾的生活依靠，也就代表在政治上有些利益團體希望能縮減淤泥效應。至於勞動所得稅收抵免能夠得到這樣的相對成功，祕密在於有著意想不到的兩方達成共識：一邊是商業利益團體，一邊是希望幫助貧困弱勢的團體。[20]商業利益團體很喜歡勞動所得稅收抵免這個概念，因為這其實助長低薪工作。而關心清寒勞工的團體也很喜歡勞動所

得稅收抵免的概念，因為這能讓貧困的勞工變得不那麼貧困。於是，雙方就能夠在這個議題上攜手合作，雖然並未讓補助變得盡量慷慨，但至少縮減淤泥效應。

補充營養援助計畫

遺憾的是，還有許多福利方案背負著更多讓人望而卻步的行政負擔。「補充營養援助計畫」（Supplemental Nutrition Assistance Program，簡稱SNAP），原稱「食物券計畫」（Food Stamps Program），是為低收入戶提供營養實物給付。[21]這是美國最大的營養計畫，每月服務人數超過3500萬，平均每人每月取得約130美元的福利給付。[22]目前已經證明補充營養援助計畫能夠提升糧食安全，並改善參與家庭兒童的福祉。[23]要符合資格，申請人的家庭每月總收入不得高於全美貧窮線的130%，家庭每月淨收入（扣除例如住房與育兒等等成本之後）也不得高於全美貧窮線的100%。此外，家庭資產也必須低於某個門檻值。[24]

相較於其他社會救助計畫，補充營養援助計畫的參

與率相對較高。[25]據美國農業部估計，補充營養援助計畫在2016年的每月參與率已經有85%。[26]但即使如此，仍有相當大比例的合格家庭並未取得補充營養援助計畫的福利。而肇因之一，就在於淤泥效應。[27]

無論在申請或是重新認證的過程中，都存在大量的淤泥效應。美國農業部的結論認為，各州的參與率之所以高低有別，一項很大的因素就在於淤泥效應的程度不同。[28]一項研究發現，平均而言，想申請補充營養援助計畫得花上超過五個小時，包括得要兩次造訪地方的承辦單位，而且還得先掏出平均大約10.31美元的申請費。一項調查發現，需要填寫的相關申請表格多半超過10頁，而且還會附上各種警告，指出如果民眾在申請表上陳述不實，可能會遭受高額罰款或是入監服刑。[29]申請表上有些問題也可能會讓人感到一頭霧水，例如詢問申請者是否已經買了墓地（29個州）、是否賣血（2個州），又或者是否贏得賓果遊戲獎金（1個州），而且只要回答「是」，就得提供相關文件。[30]

好消息是，目前已經有47個州採用線上申請，也有許多州開始允許使用電話訪談。與此同時，申請者的反應好壞不一。[31]而在政府方面，決策流程有時十分緩慢，讓民眾應得的福利受到拖延，甚至是無法取得。一項研究發現，有些民眾會受到季節性失業的影響，有幾個月會出現斷糧的風險，但政府卻常常未依規定在30天內裁定是否發放補助，等到終於做出決定，民眾已經不再需要那筆補助了。[32]

這一切應該已經足以證明，對許多人來說，光是「申請」就已經是件難事。[33]至於重新認證的要求，也會對申請者造成淤泥效應。如果希望維持補充營養援助計畫的資格，民眾必須每隔一段時間重新證明自己符合資格，時間長短依各州規定而有不同。有很多人會錯過時間，最後需要重新申請，無論對政府或民眾都造成巨大的成本。[34]加州的補充營養援助計畫稱為CalFresh，民眾必須在重新認證期結束那個月的月底之前完成面談，否則就會失去補助資格。[35]然而，面談時間會是在整個月內

隨機分配，也就是有些民眾在面談之後，還有長達四週可以準備處理面談後提出的各種要求，但有些民眾在面談後就只剩幾天可以處理。[36]

　　一項重要的研究發現，「指定面談的日期」會大大影響重新認證的成敗；在一個月當中，只要面談的日期晚了一天，重新認證的失敗率就會比前一天增加0.33%。[37]還有特別重要的一點在於，如果錯過面談時間，是否還有機會重新安排；當然，如果原本安排的面談時間就在月底，還能重新安排的機率就會大大降低。雖然有許多重新認證失敗的民眾最後還是能夠重新取得認證，但也有些人從此永遠退出這項計畫。

　　由於重新認證過程所造成的淤泥效應，常常會剔除最需要幫助的家庭，也讓計畫的標定效率（targeting efficiency）下滑。[38]於是，有些州已經開始試著簡化重新認證的流程，但不能說沒有阻礙，因為有些州級的行政程序規定，要是讓不符合資格的民眾取得補助，州政府會受罰。就因為這些規定，讓各州無論在申請或重新認

證上都訂出更嚴格的標準與程序。[39]

貧窮家庭暫時性救助金

貧窮家庭暫時性救助金（Temporary Assistance for Needy Families, TANF）是一項整體補助款，於1996年取代原本的「失依兒童家庭補助金」（Aid to Families with Dependent Children Prograrn, AFDC）方案，成為聯邦政府針對育兒貧窮家庭最主要的救助金方案。[40]自從貧窮家庭暫時性救助金施行以來，每年預估合格家庭的參與率節節下滑，從1996年高點的69%，一路來到2016年的25%。[41]在2018年，全美育有兒童的貧窮家庭當中，每100個家庭只有22個得到貧窮家庭暫時性救助金的救助。[42]而且在2018年，有16州的「貧窮家庭暫時性救助金對貧窮家庭比」（TANF-to-poverty ratio）數字低於10％，也就是在每100個貧窮家庭中，能夠取得貧窮家庭暫時性救助金的家庭在10個以下。這些州多半位於美國南部或東南部。而相較之下，加州的貧窮家庭暫時性

救助金對貧窮家庭比高達68％。[43]這種差異的其中一項
結果，就是對於非裔美籍兒童產生非常不同的影響，因
為他們多半居住在貧窮家庭暫時性救助金對貧窮家庭比
率較低的州。[44]

　　這項問題的一大成因就在於淤泥效應。貧窮家庭暫
時性救助金的申請過程有可能十分繁瑣，常常需要填寫
冗長的申請表，前往距離遙遠的地點進行面談，還得提
供大量的佐證文件。[45]此外，許多州的貧窮家庭暫時性
救助金還採用「工作優先」（work first）政策，必須先確
定申請者已經參加過就業說明，或者至少已經開始找工
作，才會進行審查。[46]其中，紐約市的申請流程特別複
雜；在其中一個早期階段，就要求在不同地點進行兩次
資格面談，由一名機構人員完成一次家訪，強迫參加一
次就業說明，並且參加每天上課的求職課程達30天。[47]像
這樣的要求，至少就會讓兩種人失去資格：（1）獲得的
救助金相對較少、覺得不值得忍受這些麻煩的人；（2）
極度社會弱勢、無法承受這些要求造成負擔的人。[48]

正如同補充營養援助計畫的情形,現在已經有許多州允許線上申請貧窮家庭暫時性救助金。[49]但遺憾的是,有許多線上申請的基本工具都尚未到位。舉例來說,申請一旦提交之後,大多數州並不讓申請人再次更新資訊,或是在線上查看申請進度。[50]而有鑑於貧窮家庭暫時性救助金提出各種與求職就業相關的要求,另一種特別攸關的淤泥效應就是必須配合各個社福中心的上班時間,這對於還在上班的人又是額外的阻礙。

貧窮家庭暫時性救助金的資格要求常常十分複雜,而且各州規定大不相同。因為這點,「不知道自己符合資格」也可能成為申請的一大阻礙。[51]而且就算民眾知道自己可能符合資格,也有可能不懂怎麼申請,或是誤解某些關鍵的規則。[52]光是要了解規則與申請流程,就需要付出學習成本,而這對某些特定族群來說又特別不利。[53]也有證據指出,許多貧窮家庭暫時性救助金的受益人囿於現時偏誤,常常沒注意到救助金的相關時限問題。[54]而另一個值得一提的點在於,拉丁裔父母的貧窮家庭暫時性

救助金參與率也相對較低，[55]有可能是擔心申請救助是否會帶來法律上的不利後果，也有可能是誤解合法移民申請貧窮家庭暫時性救助金時的資格要求。[56]

平價醫療法案

講到「平價醫療法案」（Affordable Care Act, ACA）[57]，淤泥效應向來是一大問題，對人民的影響非常嚴重。平價醫療法案的主要目標是要讓民眾以平價取得健保，即使民眾在投保前已經生病，或是需要昂貴的醫療措施，也不得拒絕帶病投保。要是平價醫療法案的運作能夠一如預期，應該能大幅減少未納保人口的規模，也就能顯著改善人民健康，降低罹病率與死亡率。

就許多方面而言，平價醫療法案的運作確實一如預期。但整個聯邦體系從一開始就面臨大規模的挑戰，部分原因正在於出現大量的淤泥效應。依據原本的設計，各州應該設立保險交易市場，讓民眾能夠以簡單、相對不受淤泥效應影響的方式來購買健保，但有 27 個州拒絕

這麼做,而與歐巴馬健保的精神背道而馳。[58] 這些州的民眾難以在當地購買健保,只能透過聯邦保險交易市場,這通常得費上更多的工夫。長話短說就是:申請成功之後,會先收到聯邦政府通知,告知有資格參加各州的聯邦醫療保險。聯邦政府再將檔案轉給州政府,再由州政府決定民眾的資格。[59] 這整個過程可能耗時數個月,讓幾百萬人卡在不上不下的狀態。

在平價醫療法案上路的前幾年,歐巴馬政府努力減輕行政負擔,縮減淤泥效應,不斷宣傳,希望有更多民眾得知這項計畫,也積極簡化整個登記註冊流程。如果從平價醫療法案支持者的角度來看,當然會覺得做的還遠遠不夠,不過至少是個開始。但相較之下,下一任政府對平價醫療法案就沒那麼熱衷,因此採取相反的做法,像是減少宣傳經費,也縮短登記期限,[60] 採用各種手法把事情搞得很複雜,增加淤泥效應。

在平價醫療法案剛開始那幾年,民眾透過聯邦保險交易市場登記加入之後,只要沒有通知相關負責人員資

格有所變更，也沒有另外選擇新的保險計畫，就會自動
登記續約。但在2020年2月，川普政府發布一項建議規
則，如果民眾是以稅收抵免來支付全額保費，將不再適
用自動續約，而需要每年重新選定健保方案。[61]美國智
庫「預算及政策優先中心」（Center on Budget and Policy
Priorities）已力勸，認為這種製造淤泥效應的做法，格外
會對低收入納保人造成傷害。[62]

　　HealthCare.gov這個網站在2013年10月上路時發生
各式各樣的問題，引發全國爭議。簡單說來，就是這個
網站根本不能用。政府立刻做出各種實質改進，解決各
項主要問題，縮減淤泥效應，大幅提升使用的流暢度。
平價醫療法案也推出「引導員」（Navigator）計畫，提供
推廣、教育，以及由專員協助想使用這個網站的民眾。
這種面對面的專員服務，有助於民眾克服淤泥效應，甚
至可說是終結了淤泥效應。而且，比起網站或熱線，專
員提供的建議更能因應個人的特殊情形，像是協助民眾
判斷暫時來家裡暫住的家族成員能不能算是受撫養的對

象。[63]

引導員計畫在2013年的預算為1億美元,但川普政府在2017年將預算砍到只剩1000萬美元。[64]我們很難確切知道這究竟會造成怎樣的影響,但由於預算大幅刪減,至少可見各項推廣與教育活動的規模會被迫縮減,面對面的專員協助也遭到刪減。這很可能就減少能夠投保的民眾人數。[65]

在歐巴馬政府期間,聯邦政府本身就會大力宣傳健保,例如透過電子郵件直接與民眾聯絡,鼓勵大家加入或續保。而到了川普任內,這些活動遭到大幅刪減。像是在2017年11月,相關單位只會針對「已經納保」的民眾寄送電子郵件,提醒可以加入健保。但明明在政府高達2000萬人的資料庫中,還有過去曾經投保,或是曾經瀏覽過HealthCare.gov網站者的資料。[66]結果就是許多人不知道自己有這些選項,又或者只能靠著自己去研究(或是透過數量也遭到刪減的平價醫療法案廣告得知消息)。在這種時候,資訊成本也成為一種淤泥效應。

平價醫療法案向各州提供擴大聯邦醫療保險資格的財政獎勵方案，得到37個州的採用。[67]關於加入聯邦醫療保險的資格，各州原本需要綜合考量一整套的因素，包括收入、家庭人數、殘疾、家庭狀況。但在擴大方案中，則可單就收入一項來加以考量。[68]但川普政府為了限制這項方案的適用範圍，又呼籲各州應該加上對就業的要求，要求納保人必須提交額外的證明文件，證明自己正在就業或就學。[69]

事實證明，對於某些聯邦醫療保險的納保人來說，要滿足對就業的要求會特別困難。以全美的狀況而言，有將近八成可能符合納保條件的民眾雖然自己沒有工作，但其實是與有工作的人同住。像是在第一個提出就業要求的阿肯色州，[70]在需要符合新就業要求的納保人中，有超過四分之三的人沒車、沒網路、沒受過中學教育、自己或家人有嚴重的疾病。[71]雖然面對這些阻礙，但在這些人中，有許多人其實都有工作，只是時數並未達到聯邦醫療保險的納保條件。[72]

　　而有一種人還會面臨真正的淤泥效應，也就是其實符合要求、但難以使用該州線上申請系統的人。第一，阿肯色州健保方案的許多納保人家裡沒有電腦，得去借用朋友的電腦，或是到公共圖書館去使用。[73]第二，由於各個網站充斥淤泥效應，讓人很難登入聯邦醫療保險的帳號，也難以了解自己該提交哪些資料。一位受訪者就說：「我得去用朋友的電腦，得靠他們幫忙……他們是聰明人，但我們還是花了十個半小時才（把我的帳號）設定好。」[74]

聯邦醫療保險

　　聯邦醫療保險是針對年長者提供幾乎全民納保的健保方案。[75]前面提過，有資格領取社會安全福利金的民眾，通常也就擁有聯邦醫療保險的資格，所以在登記上應該十分簡單。雖然如此，聯邦醫療保險卻充斥著大片的淤泥效應，原因在於納保人選擇各種服務的過程十分複雜。該選哪個補充保險計畫？該選哪個處方藥

計畫？我該不該選擇聯邦醫療保險優勢計畫（Medicare Advantage Plan）？這些問題並不容易，而且年長者常常還有認知能力下降的問題。[76]赫德與莫伊尼漢就曾引用一位聯邦醫療保險納保人的話：「我就是不懂這點，他們等到我們退休，然後才把事情搞這麼複雜。」[77]

許多行為證據發現，聯邦醫療保險的納保人在這些選擇過程中常常做錯決定而虧錢。[78]因此有種說法很有道理，認為政府應該透過各種線上工具、電話協助（而且不能等那麼久）、個人化的建議，將過程加以簡化。[79]應該不難想像，可以有一套幾乎沒有淤泥效應的流程，提供給希望一切都能自動完成的民眾；同時也有另一套比較複雜、比較要求資訊能力的流程，提供給喜歡自己做選擇的人。

職業許可

想開始工作，許多人都得先取得執照。如果說要先

通過某種認證才能成為建築師、教師或護理師，似乎再合理不過。但通過的標準究竟是什麼？不同的專業或地區，想取得職業許可的負擔大不相同，但很多時候其實都是要求過高，有著讓人難以穿越的淤泥效應。這對人民的生活帶來嚴重不利的影響，簡直可以（也應該）就這個主題寫出一整本書。而我在此只是先簡單談幾個重點。

一般來說，要在美國取得職業許可，平均需要先上248小時的課，[80]也要具備某些相關經驗。根據一項對各種職業許可條件的調查，評估102項低收入職業的負擔，發現相關法律平均規定需要將近一年的學習與經驗。[81]

某些職業的要求異常嚴格，也有一些職業似乎剛好相反。平均來說，想成為室內設計師需要花2190天，比起成為公立幼兒園老師（2050天）還要長。[82]其他要求特別嚴格的專業還包括木工／家具木工師（有30州會核發相關許可，平均需要368天）；洗髮師（37州；248

天）；樹藝師（7州；574天）。[83]

有些州的文書作業還特別繁瑣，像是光就美容業而言，雖然有些只是關於某些特殊要求與工作場所的規定，但南達科他州美容委員會（South Dakota Cosmetology Commission）的網站足足列出16種不同的表單。[84]

核發職業許可的作業時間會這麼久，常常是因為跨州勞工流動（labor migration）所形成的問題：勞工從一個州搬到另一個州，希望在新的落腳州也能繼續從事原本的職業。這個問題特別會影響軍人的配偶，他們常常因為駐地改變而需要搬遷到全國各地。美國國土安全部與國防部就在2018年整理出一個表格，列出各種職業在跨越州界之後所需的許可核發時間。[85]這些作業時間常常長達數個月，某些州甚至可能將近一年。

學生簽證

有許多學生想到美國留學，留學不僅對這些學生有

101

好處,對美國也有好處。雖然這些好處該如何估算還有
爭議,但根據一項研究指出,在2018到2019學年度,
國際學生為美國經濟帶來410億美元的產值,並養活將
近46萬個工作職位。[86]目前各國對全球國際學生的競爭
十分激烈,許多國家都努力提高自己的吸引力。中國
(在2019年占國際學生總數9%)、加拿大(8%)和澳洲
(5%)的全球市占率都顯著成長,而美國則是從2001年
的28%降到2019年只剩21%。[87]

我們姑且不計近期對留學美國有負面影響的大規
模政策,像是全球新冠疫情,以及對國際學生興趣缺缺
的川普政府推出的各項政策。為什麼在這個相對較長的
期間,美國作為全球國際學生就學目的地的比例逐漸下
滑?一項研究發現,充斥淤泥效應的簽證申請程序正是
一大原因。[88]2015年一項對潛在國際學生進行的民調發
現,美國在簽證程序方面排名吊車尾,有超過50%的受
訪者認為「簽證程序很困難或很複雜」。[89]

為了了解這項問題,可以先來談談外國學生要在

美國合法求學的三種主要簽證類別：（1）F類簽證、
（2）M類簽證、（3）J類簽證。F類簽證與M類簽證是
由學生及交換訪問人員計畫（Student and Exchange Visitor
Program, SEVP）管理，隸屬於國土安全部；而J類簽證則
由國務院管理。[90]

其中最重要的是F類簽證，適用於「非移民，主要目
的是在學生及交換訪問人員計畫認證的學校或學程當中完
成學術課程」。單就人數而言，這也是目前最多人使用的
簽證，光在2019年就發出將近39萬份新的F類簽證，[91]而
且在2018年也有超過155萬份學生簽證（與M類簽證合
計）處於有效狀態。M-1簽證與F-1簽證類似，但有一項
主要不同：M-1適用的是註冊職業性課程的學生，而非學
術性課程的學生。2019年總共只發出9227份M-1簽證，
另外發出291份提供給學生家屬的M-2簽證。[92]至於J-1簽
證則是提供給交換訪問人員，目的為促進文化交流。雖然
許多取得這類簽證的對象是學生與學者，但它的適用範圍
其實更為廣泛，還包括打工換宿（au pair）、實習生，以

及政府參訪人員。就算包括J-2簽證（提供給J-1簽證持有人的家屬）在內，2019年發出的J類簽證也只有稍微超過39萬份。[93]

　　申請過程當中主要的淤泥效應，在於各種表單數量眾多、行政負擔繁重複雜。舉例來說，正常的F-1簽證申請流程至少包括以下步驟：[94]

1. 準學生必須向大學提供「資金來源」文件，證明自己有足夠的資金支持學業（如果有家屬陪同，可能還需要額外的文件）。相關資訊必須透過多個來源的正式官方信函進行確認，例如銀行和出資人，而且任何貨幣金額都必須換算成美元。這個過程可能就會花上很多時間，特別是學生得從許多不同來源蒐集資訊。

2. 收到以上資訊後，大學必須準備I-20表格給國際學生。這個過程可能需要兩到三週的時間。

3. 學生收到I-20後，必須先支付350美元的SEVIS

（學生和交流訪客資訊系統）費用，才能在這個線上註冊系統上註冊，填寫I-901表格（老天保祐，這份文件很短，只有一頁）。多數學生都能以電子方式完成這個步驟，但非洲某些國家的學生例外，得在支付費用之後，將表格與匯票寄到美國。就算後來遭到拒發簽證，這筆費用也不會退還。[95]

4. 學生收到SEVIS費用收據後，必須在線上填寫實際的簽證申請表（稱為DS-160表格）。DS-160表格十分冗長而詳細，美國國務院估計大約需要90分鐘才能填寫完成，[96]但對許多學生來說，這個估計可能還太過樂觀。舉例來說，這項表格需要學生填寫最近五次到訪美國的航班資訊（不論是多久之前）、就業資訊、過去的簽證資訊、家庭資訊（例如雙親的職業與教育程度）、其他自傳資料（包括學生的社群媒體帳戶資訊）。使用者常常表示會遇上網站連線逾時問題，讓他們打了

半天的資料遺失，得要一再重來。

此外，學生還必須支付同樣不會退費的160美元申請費（與前述的SEVIS費用是不同的費用）。[97]這筆費用有時候無法使用線上刷卡，而且各國能使用的支付方式差異相當大（像是在新加坡，就必須透過當地郵局來支付）。[98]

對許多國際學生來說，就連要遵守DS-160表格要求的照片規格也不容易。由於這張照片的要求有諸多細節得注意，也與一般護照照片的要求不同，申請人有可能需要到大使館推薦的專業攝影棚拍攝，但這就得另外花錢與花時間。[99]

5. 等到學生已經提交DS-160表格，就可以安排到美國大使館或領事館面談。這有可能得先等上好幾個禮拜。在美國大使館面談所需的時間差異很大，有的只需要幾小時，也有的得花上幾乎整天（例如美國駐倫敦大使館，平均估計得先等上兩到三小時）。[100]面談的時候，也會同時進行安全

審查，並在面談前採集學生的指紋。[101]面談時，學生不得攜帶手機或其他電子裝置。[102]面談本身倒是通常只需要幾分鐘，一般都是著重於學生在美期間所需的費用是否充裕，完成學業後是否承諾將返回本國。

面談結束後，通常會立即告知申請者簽證已經獲准或遭拒。[103]簽證一旦遭到拒絕，除非提供新的資料，重新進行申請，否則沒有任何轉圜餘地。但有時候，如果申請者的名字出現在某些資料庫裡（像是過去的簽證曾發生逾期停留，或有安全上的風險），負責官員可能會判斷需要「進一步行政處理」，或許就需要學生提交額外資訊，並讓簽證處理時間大幅拉長。而在2019年，行政審核的時限又從60天延長為180天。[104]

總計來說：正常的申請流程需要填寫至少四種不同的表格，支付兩筆共510美元的款項（而且各有不同的

付款規則與限制），並且至少一次造訪通常只會位於各國大城市市中心的美國大使館。正常情況下，整個過程至少需要一到兩個月的時間。而且，簽證遭拒的可能性也不低。像是在2019年，F-1簽證申請就有超過25%遭到拒絕。[105]

關於留學生會在美國遇到怎樣的淤泥效應，以上的摘要並不完整，目的也不是要建議把這些負擔減少至75%、50%、25%，甚至是10%。這些要求的背後多半還是有著合理的原因；有些也無疑是為了阻止申請者嘗試各種非法手段。但我們還是得問：這些要求當中，有多少能夠通過成本效益測試？

憲法權利

前面已經看過，淤泥效應會引起嚴重的言論自由議題，也會威脅宗教自由、私有財產，以及刑事司法系統的權利。但以下我根據當代重要性與複雜程度，將討論

重點放在兩項議題：墮胎權與投票權。這兩項議題之所以如此複雜，原因之一在於，就算是理性的人，講到淤泥效應對這些議題的影響，也可能有不同的看法。對於墮胎權，可能會有道德上的意見分歧；而對於投票權，則是各方仍未達成共識，不確定究竟該用多大程度的淤泥效應，才能確保不會發生選舉舞弊。

墮胎權

根據現行法律，只要並未造成「不當負擔」，各州就能自行對墮胎權加以規範管理。[106]但因為這個標準有一定的灰色空間，彷彿就像是邀請各州靠著施加淤泥效應來阻止墮胎一樣。而各州也熱情呼應這項邀請。[107]舉例來說，有些州要求孕婦必須先接受墮胎諮詢，而其中不但會談到墮胎的程序，還會提到胎兒的痛苦。這些州要求孕婦接受超音波檢查並觀看結果、多次到診所就診，在墮胎前還得先經過很長的等待期。[108]有些州甚至規定，在孕婦已經見過醫師之後，還得再等72小時。

有些州則是要求孕婦必須聽完一套以阻止墮胎為目標的「腳本」。[109]這些要求明顯造成多項成本，包括要付出時間、要求學習某些內容，以及讓人感覺承擔惡名，甚至是屈辱。

目前，講到要如何不讓女性行使墮胎權，施加淤泥效應正是各項辦法的首選。前面提過，認為這種做法究竟是好或壞，要看個人的道德觀點而定。有人會說，這是一種合理、促進深思熟慮的推力，因為墮胎對生命的影響實在大到難以計算；但也有人說，這就是施加過度的淤泥效應，影響的是女性的基本人權。但有一點毫無爭議：現在就有淤泥效應。

為了呈現這件事會有多少性質各異的成本，赫德和莫伊尼漢大幅引用一位35歲女性的自述，談到她如何在威斯康辛州面對各式各樣的行政負擔。以下是該篇引用的摘錄：

我嚇壞了，很尷尬，也覺得等得很煩。我現在被叫

進一個房間。這次我可以帶老公一起進去，他們叫我們看一段影片，一樣是州法要求的，裡面講的是領養、寄養、墮胎的危險，還有我的權利。影片有夠久。我覺得自己像個小孩。老公看起來很擔心，也很無助。我簽了一份表格，說自己都了解影片的內容。然後我們等待。最後終於有一位護理師回來，可以再回到等待室了。他們說會盡快打電話給我們。[110]

淤泥效應確實產生影響。一項研究指出，淤泥效應讓墮胎的成本提高19%，件數減少13%到15%。[111]但似乎另一項結果就是自行墮胎的數量增加。[112]然而，支持對墮胎施加淤泥效應的人也提出反對論點，像是有一位孕婦接受哥倫布騎士會（Knights of Columbus，一個天主教兄弟會服務組織）捐助的超音波檢查，她說：

我只能說，這在一瞬間改變了我……在大螢幕上看

到自己孩子的那一秒，我就知道自己要當媽媽了，
我之前怎麼想都不重要了，最重要的就是愛我的孩
子，保護她的安全。我看到她小小的腳、小小的手
臂，我聽到她的心跳，就這樣看著她在我眼前。我
現在還留著那天的超音波照片，那天永遠改變我的
人生。[113]

投票權

美國憲法第十五條修正案在1870年通過，禁止「因
種族、膚色或曾被迫服過勞役」而剝奪或限制公民的投
票權，但長期以來，淤泥效應一直剝奪非裔美國人的公
民權利。有長達數十年的時間，最常作為此種用途的就
是讀寫能力測試（literacy test），直到1965年的「選舉權
法案」（Voting Rights Act）才正式禁止。近年來，投票往
往比較方便，登記也常常比較簡單，可以說淤泥效應已
經有所縮減。[114]但淤泥效應還是繼續存在，而且在某些
州甚至還在增加，被赤裸裸地用來作為政治武器；其中

最明顯的，就是共和黨領導者會試著操弄淤泥效應來增加自己的選舉優勢。[115]

像是將選民從選舉名冊中除名，顯然就會製造出淤泥效應；選民必須採取對應措施，才能讓自己重新登記進入名冊。至少有一個州會因為像是「上次選舉並未投票」這種雞毛蒜皮的理由，就讓選民遭到除名。到了2017年年底，喬治亞州選民遭到除名的人數來到66萬人，[116]已經超過該州總人口6%（而無視於該州本來投票人口就已經不多）。有許多州常常會「清理」投票名冊，確保可能沒有投票資格的人（像是已搬家、被宣告褫奪公權、或是死亡的人）不會出現在投票名冊上。當然這件事情完全合法，但可能造成許多錯誤，讓選民不得不面對淤泥效應。民眾有可能興高采烈想去投票，但最後只能黯然回家，或是被迫先投下臨時選票（provisional ballot）。

根據布瑞南中心（Brennan Center）的報告，從2008到2018年，全美投票選民名冊除名量增加33%。[117]有些

州會把幾年間沒有投票、或是未回應通知的選民除名，想投票就得重新登記。[118]紐約市選舉委員會在2014與2015年除名的選民人數高達20萬，原因是這些人並未更新資料、從2008年起沒有投過票，又或是已經搬家（根據美國的全國地址變更〔National Change of Address〕資料庫）。[119]市府通知這些選民他們將被除名，而且只給他們14天的回應時間，沒有回應就會遭到自動除名。[120]

某些州要求投票時需要有州政府核發的有照證件。[121]表面看來，這種形式的淤泥效應似乎影響不大，但有些研究估計，約有11%的美國人其實並沒有由州政府核發的有照證件（其中就包括大約25%的非裔美國人）。[122]有許多大學生也可能因為要求有照證件而被剝奪投票權。像是在北卡羅來納州，有一段時間學生證並不能作為有效的身分證明，就算是州立機構核發的學生證也是如此；直到後來，法院才終於廢除相關法律，通過新的立法。[123]

有些州則是增加居住要求，要求證明公民身分。[124]講到投票權，就是有各種行政負擔極力剝奪非裔、年長

者與低收入民眾的投票權。[125]有一些最過分的淤泥效應，就是大量減少投票地點的設置，讓人得要大排長龍，有時候甚至得等上七個小時，才能投下自己的一票。在一些地方，這種負擔是故意造成的，是想阻止特定族群來投票。

該怎麼說呢？這就是一種恥辱，而有許多不同的改革都能改善這種情形。前面已經提過，自動登記註冊是個絕佳的點子。通訊投票也是很不錯的做法，而且還不只是疫情期間或過後是如此。再者，也可以提供選舉日有薪休假。[126]講到投票權，就是不該有任何淤泥效應。

5

淤泥效應的重責大任

　　雖然前面說了這麼多，但很多時候淤泥效應也有著重要的目的，有時候不可或缺，能夠讓人省錢，甚至拯救生命。淤泥效應能夠對抗人類最糟糕的一些衝動，像是魯莽、殘忍、自私與貪婪。我們很容易就能想出六種合理施加淤泥效應的理由：

1. 確保適格性與程序完整性
2. 抗衡自我控制的問題

3. 保護隱私

4. 保護安全

5. 將福利補助送到最需要或應得的人手中

6. 蒐集重要、甚至是必要的資料

以上各項理由都值得一一深入討論，這裡的篇幅都還遠遠不足，只能先提出最主要的一些重點。我們會看到，許多淤泥效應背後其實都有合理的原因，而本章的討論就要提供重要的平衡觀點。要考慮是否縮減淤泥效應的時候，必須對該項淤泥效應有更深入的了解。但即便如此，我主要的論點仍未改變：現在就是有太多淤泥效應應該縮減。

適格性與程序完整性

政府會施加淤泥效應，常常是因為希望確保一切符合法律要求，而其中之一就在於各種的資格限制。

有的淤泥效應可以確保各方會遵守這些限制。舉例來說，民眾就是要符合某些資格，才能申請聯邦醫療保險、聯邦醫療補助、勞動所得稅收抵免、又或是社會安全福利金，而淤泥效應常常就是蒐集必要資訊的方法。就算是說到投票權，各種對人民的行政負擔也常常是為了確保可能的選民符合現有法定資格。至於各項財務補助計畫，也常常會用淤泥效應來避免「舞弊、浪費與濫用」。[1]

很多時候，淤泥效應是為了取得民眾的背景資訊，像是工作經歷、收入、犯罪紀錄（如果犯過罪的話）、信用評等、家族史、旅遊史、居住地等等。要擔任公職的人，特別是牽涉國安的工作，就必須提供大量的此類資訊。[2]（過程需要無數個小時，而且有些人就是不會提供所有必要的資訊。）民眾申請工作的時候，或許會覺得這一切淤泥效應都太麻煩了，但這些做法的背後可能其實很有道理。學生或其他人雖然得要大費周章才能申請到簽證，或以其他方式前往美國，但這些程序可能都

119

是要確保符合法律要求，以及保護國家安全。

不只是對公部門如此，對私部門也是這樣。銀行與許多機構也會施加大量淤泥效應。像是要申請貸款的時候，就會面臨淤泥效應，而主因就是要核實申請資格。如果你想要申請房貸，可能會覺得整個流程又花時間又煩人，彷彿永無止境，而且還有點丟臉。只不過，銀行可不想把一大筆錢就這樣交給會賴帳的人。確實，有許多企業會以「淤泥效應最小化」的方式來搶客，但也有公司會靠著適當的淤泥效應，確保自己找來的客戶或幫助的對象都是適合的人。像是病患會在醫院裡遇上的淤泥效應，常常都有很充分的理由。

確實，由於現在資訊取得與機器學習愈來愈方便，公私立機構或許也有可能自行取得這些資訊。像是在私部門，有些企業已經引入「資格預審」（prequalification）的概念，也就是他們手中已經有足夠的資訊，能夠提前知道哪些人符合取得某項商品或服務的資格。[3]而某些表格也已經能夠自動預先填入（prepopulate），減少人工

填寫的必要性。[4]這會是好事一件，政府應該多多利用。像是在報稅，就已經出現「免辦結算申報」（return-free filing）的概念，納稅人完全無須填寫表格。[5]像是丹麥等國家，這樣的措施早已上路。美國如果採用免辦結算申報，每年就能省下幾十億小時的文書作業負擔。我們遲早會看到在這方面的重大進展。[6]

　　然而，目前這一切都還在起步階段。對於現在與不久的將來，最明顯需要保留淤泥效應的理由就在於**程序完整性**。[7]假設美國國稅局決定要將勞動所得稅收抵免方案直接提供給看來符合條件的納稅人。要是這麼做的成本很低，而且看來符合條件的納稅人也確實符合條件，也就不會有什麼反對的理由。但當然，這裡的問題就在於「看來」，有些得到勞動所得稅收抵免的人可能實際上條件並不符合，但這就是自動為民眾登記加入方案可能會出現的情況，總會有某些人其實並不符合條件。

　　這種時候，政府就得在兩種方案設計之間做出選擇：（1）會有某些條件符合的人無法得到福利；（2）會

有某些條件不符的人得到福利。這可能不是一個容易的選擇，甚至就連判斷用的標準也不那麼好決定。如果完全只根據出錯的人數判斷程序的完整性，該挑（1）或（2）就完全只是個簡單的數量比較問題：究竟哪種人比較多？假設採用自動登記來縮減淤泥效應，能夠讓50萬名條件符合、而原本不會得到福利的人取得福利；而採用淤泥效應，則是讓49萬9999個條件不合的人得到原本不會得到的福利，那麼看起來自動登記的好處還是大於壞處。

但我們也可以採用另一種觀點。假設自動登記會讓20萬名條件符合的人得到福利，但也讓20萬100名條件不合的人得到了福利。有些人可能會認為，如果這20萬100人已經**幾乎**符合條件（也就是仍然相對貧窮），就算讓他們得到一些財務補助，也不算是太大的壞事。但也有些人會堅持，納稅人的錢要怎麼用都有明確的限制，違反限制就是犯下嚴重的錯誤。根據這種觀點，就算只是稍微破壞計畫的完整性，讓條件不符的人得到福利，

也完全不可以接受。

把這種觀點發展到最極端，就會認為即使能讓大量條件符合的人取得福利，也無法抵消「讓極少數條件不符的人取得福利」的問題。但在我看來，除了法律要求，這種極端觀點實在很難說得通：如果能讓條件符合的100萬人都得到福利，就算讓100個幾乎符合條件（雖然仍不符合）的人取得福利，這個代價應該還算是值得。然而，這裡的權衡並不是那麼一定，就算同樣是理性的人，也可能有不同的想法。

這個例子可能看起來有點小題大作，但政府總是會遇上這種問題，而各家企業、大學、非營利組織、遊民收容中心、醫院等也是如此。隨著淤泥效應增加，不符資格但得到福利的人數可能會減少，這會是件好事。隨著淤泥效應減少，不符資格但得到福利的人數可能會增加，那會是件壞事。

當然，有些時候我們並不需要淤泥效應，也還是能夠維持程序完整性。像是關於學校營養午餐，自動登

記的準確度似乎很高；只有極少數條件不符資格的兒童會被納入。這樣一來，也就更有可能將一切自動化，進而縮減淤泥效應，而且不會讓好處落到沒有資格的人手中。唯一需要注意的是，有時候不得不有所權衡妥協，而不同的人就可能有不同的判斷。

再來討論選民登記的問題。如果能夠縮減淤泥效應，並讓所有合格的公民都能投票，那就太好了。而且我們還真的有可能做得到；如我們所見，「自動選民登記」這個（絕佳的）點子正得到愈來愈多支持。雖然如此，還是有人主張，在這裡製造淤泥效應是為了對抗選舉舞弊的風險，保障投票過程的完整性。[8] 可以想像，縮減淤泥效應的好處在於讓合格選民都能投票，但壞處在於可能有（部分）不合格的選民也取得投票資格。這種時候，哪群人的人數比較多，肯定就會成為重點。

自我控制

關於淤泥效應，最有趣、或許也最有深度的論點認為，我們非但不該排斥淤泥效應，反而應該讚揚淤泥效應，因為人類太容易犯錯，而淤泥效應正是要精心解決這個問題。簡單說來：各式各樣的淤泥效應，或許就是要克服種種的自我控制、魯莽與衝動問題，好讓我們做出更好的決定。淤泥效應讓我們不會犯下各種錯誤，進而提供保護，可說是解決行為問題的好辦法。

行為科學有時候會把人類思維的認知運作分為兩大類：第一類「系統1」（System 1）是快速的、直觀的、情緒化的；第二類「系統2」（System 2）則是經過深思、反覆思索的。[9]淤泥效應就能作為強化系統2的一種方式。每當系統1感到躁動、激昂、火力全開的時候，淤泥效應就像是亮起黃燈，讓系統2得以接手。

講到日常的各種決定，可以看到網路上常常會出現程度輕微的淤泥效應。現在的系統已經會自動詢問是

否確定要寄出帶有不當語言或漏寫主旨的電子郵件，也會確認使用者是否真的要付款、取消某筆訂單、更改付款方式或地址，或是刪除某份文件。在這種時候，這些負擔就可能是個好主意。有些時候，使用者可能只是一時衝動，沒有注意到該注意的事。至於某些人生重大決定，例如結婚或離婚，如果能由公私部門施加相當程度的淤泥效應，或許也是個有道理的安排。[10] 像是考慮是否結束婚姻關係的時候，有「冷靜期」（cooling-off period）就可能是件好事。[11] 在情緒衝腦、讓人做出各種輕率決定的時候，如果能有強制性的等待期，或許就能讓一切緩一緩，不讓一時的衝動造成遺憾。

在購買槍枝之前，也該安排一些淤泥效應，好鼓勵民眾多想一想。[12] 事實上有證據表明，如果購買槍枝有等待期的法律規定，施加淤泥效應，把購買槍枝的時間拖延幾天，就能將槍擊殺人案件的數量減少17%。[13] 有17個州（包括哥倫比亞特區）實施等待期要求之後，每年就減少大約750起槍擊殺人案。如果將等待期政策擴

大到美國各州,就算不對擁槍資格做出限制,每年也能再減少910起槍擊殺人案。為了防止槍枝暴力,發揮創意應用淤泥效應可能會帶來極大的好處。而如果談到墮胎,也有人會為淤泥效應說話,認為這是要鼓勵民眾反思與深思熟慮。

隱私權

有時候,公私部門都會要求民眾提供大量個人資訊。許多人認為,想要取得這些個人資訊,就必須先徵得民眾明確表示同意。但這樣一來,就會出現一個普遍存在的問題:究竟要讓民眾承受極花時間的行政負擔,還是要侵犯他們的隱私?這樣一來,如果說至少政府選擇的是前者,似乎也不算太壞。

當然,政府過去也可說是別無選擇。就算這麼想,也是能力有限,無法侵犯隱私。但現在有愈來愈多公部門(與私部門)機構有能力獨立取得這些資訊,或者至

少不用費上太多氣力,也就代表他們應該有能力減少淤泥效應的情形。像是前面提過美國農業部的營養午餐直接核可計畫就是這種例子。[14]政府很清楚哪些家庭家境清寒,能夠直接予以核可。

另外也還有許多例子,因為已經有了資料,就能讓公私立機構直接宣告哪些人因為哪些條件所以符合資格,這些機構知道誰住在哪、誰欠了多少債、誰犯了什麼罪、誰去過哪裡、誰跟誰在哪個時候說話,也就能提供各種預先填寫好的表單。政府機構之間或許能夠共享各種資料數據,[15]而臉書、Google、推特、Instagram、YouTube與美國政府之間也能互通有無。就這點而言,淤泥效應或許已成過去。

但這是好事嗎?客氣地說,就是還不一定。很多時候必須有所權衡,是要造成行政負擔?還是要侵犯隱私?舉例來說,信用卡公司該取得(或是能得到允許取得)多少客戶資訊,才能判斷是否核卡?有些時候,我們或許會希望這些公司自己去蒐集資訊,完成之後自動

提供方案，或是直接把卡寄來就好。但也有時候，我們完全不希望他們這麼做。究竟該不該用這種方式，要看他們會擁有哪些資訊，以及這些資訊是否可能遭到濫用。

如果是政府去擁有或獲得這些相關資訊，風險可能會更高。最糟的一種情況是某些公職人員開始用這些資訊來對付政敵。另一種比較難以判斷、但仍然令人擔憂的情境，則是政府可能會無視原先取得資訊的目的，而用於其他無關的用途。美國政府有一種類別稱為「個人可識別資訊」（personally identifiable information, PII），法律對於這類資訊的取得和使用有著嚴格的限制。看到政府特別設立一個類別就知道，政府認為不能容許在取得這類資訊時出現風險，因此會願意容忍一定程度的淤泥效應。這時候再回頭看自動登記的做法，其實是縮減淤泥效應；想要採用自動登記，一來得要我們願意提供授權，二來還得接受可能由某些民眾不那麼信任的機構蒐集大量資訊，才有辦法讓這個選項成真。

近年來，許多民間企業取得資訊的問題已經引起激

烈爭論。很多人覺得政府濫用資料的風險最大，但隨著眾人對「監控資本主義」（surveillance capitalism）[16]的擔憂日益加劇，政府的風險也變得比較不明顯。或許，各家社群媒體或科技龍頭都能利用對每個人的了解來操弄我們，讓我們做出符合其經濟利益的選擇，我們就像是他們手上的布偶。如果是這樣，我們或許就會希望限制這些企業取得資訊，以及運用這些資訊的能力。這些話題已經遠遠超出淤泥效應的範圍，但如果為了縮減淤泥效應，就只能放手讓私人機構恣意自行蒐集個人資訊，或許我們會覺得，可能有些淤泥效應也沒那麼糟。

安全性

安全性的問題也息息相關。各家機構之所以施加淤泥效應，有時候並不是真的想讓誰不開心，而是希望資訊能得到應有的保護。像是要開立網路帳戶的時候，可能會要求民眾提供敏感資訊，民眾也可能很願意提供，

像是銀行帳戶或信用卡卡號。民眾可能需要回答關於地
址、身分證字號、母親娘家姓氏的問題。這時候為了避
免一些安全疑慮，就可能會刻意安排一些淤泥效應，要
回答這些問題是有點麻煩，但也是為了確保安全。而像
是雙重驗證（two-factor authentication）也會造成淤泥效
應（而且就我而言，覺得這實在非常、非常煩）。

　　理想上，對於目的是保障人民安全的淤泥效應（後
面會再談到這點），我們應該要對它的效益與成本有一
定的了解。但即使在這件事很難算得清楚的時候，心裡
也該明白，有時候稍微有點不特別麻煩的淤泥效應，也
是為了避免事情朝向最糟的情況發展。

鎖定目標

　　我們可以用淤泥效應作為鎖定目標的方式嗎？可不
可以用這種辦法，讓商品流向最需要、或最該得到的人
手中？到頭來，這會不會是個有效、甚至公平的策略，

131

很多時候甚至是最佳的選項？

　　目前已經有愈來愈多討論各種麻煩與困擾的文獻，開始研究這樣的可能性，指出可以用淤泥效應作為一種**配給機制**，確保某些福利（包括執照證照與許可）只會提供給應得的對象。[17]我們直覺會認為，施加淤泥效應的負擔能改善自我選擇（self-selection）的情況。像是如果想看場熱門的電影、聽場搶手的演唱會，或許都得投入大把時間打電話或排隊搶票。如果要對這種做法說出一番道理，那就是無論投入的是時間或是金錢，都能夠用來衡量人們對事物的渴望程度。而同理可證，透過看似繁瑣的行政負擔、表面上沒有道理的淤泥效應，或許也能夠篩選出最適合接受工作培訓或各種其他計畫的人選。要是有人心甘情願做完所有前置的麻煩事，應該就能合理推測，最後的計畫肯定能讓他們獲益良多。

　　在大家都希望取得各種稀少資源的時候，人人都會同意應該找出良好的篩選機制。在市場中的標準篩選機制就是支付意願（willingness to pay），唯有在某人有支

付意願的前提下，才會收到貨品。如果你只願意付出一定金額來購買蘋果或柳橙，我們就會以這項金額來判斷你想要這些蘋果或柳橙的程度。以支付意願作為標準，好處十分明顯。一來概念簡單，大家天天都在使用；二來這至少是個憑據，已經比只能隨機判斷好上太多。然而，支付意願也有很大的問題。支付意願取決於支付能力，如果你沒有意願花多少錢來買蘋果，或買醫療照護服務，有可能是因為沒錢。而如果是政府要提供的福利，要談支付意願也不太合理。難道在應該給民眾多少補助金來應付疫情的時候，還得先問民眾願意為此付出多少錢嗎？

　　詢問支付意願的時候，其實只是用一套標準來衡量民眾的需求或欲望。而另一種標準則是去詢問民眾「付出時間與心力的意願」（willingness to pay in terms of time and effort, WTPT）。你願意花多少時間來取得駕照？取得教育補助金？由於支付意願會受到支付能力的影響，有人可能會認為支付意願這種標準其實會對窮人形成歧

視。而「付出時間與心力的意願」就沒有這種問題，[18]或者只能說它「歧視沒有時間」的人。畢竟，「缺錢」和「缺時間」這兩件事並不見得相關。不論如何，政府（與民間）還是可能會以「付出時間與心力的意願」作為一種鎖定目標的方式，確保商品來到真正需要與想要的人手中。[19]

想要用淤泥效應作為鎖定目標的方式，其實沒有那麼不可思議，還真的有點道理。但問題在於，如果是想把福利送到該得到的民眾手中，採用淤泥效應的做法常常都太過粗糙，甚至可能造成很嚴重的結果。想讓真正需要幫助的人得到補助，把申請表搞得極度複雜、難以理解絕不是個好辦法。如果政府想讓所有符合申請勞動所得稅收抵免方案資格的人都得到補助，應該還有比淤泥效應更好的方式。要給民眾帶來困擾，應該要有其目的；而淤泥效應肯定會造成困擾，又不一定能好好鎖定目標。

事實上，情況還可能更糟。有些時候，政府除了會

給申請者帶來困擾，還會設下重重限制，就只是因為想要挑選出**最需要**補助的人。[20]

只要想一想，就會知道淤泥效應本來就不是鎖定目標的好辦法。最需要補助的人如果在許多方面都有所匱乏，也就會成為最難克服淤泥效應的一群人；這樣一來，想以淤泥效應來鎖定這群人當然會失敗。假設政府想要為最需要心理健康服務的民眾提供相關服務，但有著憂鬱或焦慮症狀的人又特別難以克服淤泥效應，這時候反而會把最需要服務的民眾排除在外。如果是為了把稀少的資源提供給最需要的窮人，而希望以淤泥效應作為手段，也可能會發生同樣的問題。最有需求的人，有可能正是最無法克服淤泥效應的人。

這項問題極為普遍，也點出這裡的核心要點：我們應該要評估各項淤泥效應的分配效應。要是淤泥效應會對社會最弱勢的群體特別不利，就該加以縮減或排除。

取得實用資料

政府運作需要大量資訊，例如其中一項就是需要知道各項方案的成效究竟如何。政府可能會透過淤泥效應取得資料，運用在各種目的，而且這或許確實能為大眾帶來許多好處。

像是政府可能會想了解各種就業培訓或教育補助是否真的對參加者有好處？他們接受培訓或取得補助之後做了什麼事？為了得到這些答案，或許就不得不對人民施加淤泥效應。又或者，政府正在努力減少疫情傳播、推動高速公路建設、監控危險廢棄物的管理、確保機師經過適當認證、確認飛機取得適當維修，又或者監督食品安全計畫如何運作。[21] 被要求提供資訊的人，或許會抱怨落入了淤泥效應，但這些負擔可能會證明是有道理的，是為了取得一些重要、甚至不可或缺的資訊。

一個相關的論點與紀錄留存和持續監控有關。政府需要了解各種實地發生的情況，而這就可能造成淤泥

效應。許多國家砸下大筆經費，協助個人與機構應對全球新冠疫情，也資助各種不同的相關研究。這些經費都用來做了什麼？去了哪裡？想要取得這些答案，不靠淤泥效應並不容易。對於陷在淤泥效應裡的人來說，可能覺得這種過程造成沉重的負擔；但想要管理各種公共方案，這些負擔又不可或缺。

當然，有些時候淤泥效應是為了確保程序的完整性。但我在這裡要強調的是另外一點：就算已經具備程序完整性，政府也可能為了其他短期或長期利益，而去尋找或要求人民提供資訊。重要的是，這些資訊後續可能會公開，讓公私部門都能夠使用。[22]到了現代，取得資訊或許就能讓公私部門擔起應負的責任，可能是節省開支、刺激創新，甚至可能拯救生命。

這些都是值得製造淤泥效應的重要理由，而且很容易被忽視。但這絕不該被視為某種空白支票，或是鼓勵官員製造大片的淤泥效應。每次遇上某種負擔，該問的問題就是：政府是不是**確實取得有用的資訊**？如果政府

規定人民必須繳交紙本，而非數位文件；不肯重複使用現有資訊；不肯為民眾提供已預填的表格；要求季度而非年度報告，全都必須提出很充分的理由。而在這些時候，政府很有可能都說不出個道理。

　　就理論而言，很難直接判斷淤泥效應是不是取得實用或重要資訊的合理手段。有些時候，我們一看就知道這不合理；也有些時候，我們一看就覺得這當然合理；但也還有些時候，就是得先仔細調查細節，才能判斷這樣的理由是否充分。但唯一的重點就在於，我們或許會發現淤泥效應也能帶來一些好處。

6

淤泥效應稽核

　　本章要談談如何減少淤泥效應。雖然我把重點放在政府，但這套道理可以適用到更廣的範疇。前面提過，醫院就面臨嚴重的淤泥效應問題，多半是出於政府要求，但也並非全部如此。教育領域也有太多淤泥效應，對學生、老師與家長都是傷害。至於非營利組織，要是沒有淤泥效應，成效也會有所提升。至於在勞工與雇主之間，如果雇主能夠設法減輕員工的行政負擔，雙方關係肯定也能有所改善。但在一開始，讓我們先談談淤泥

效應如何成為一種武器。

優惠申請

在美國，很多時候只要郵寄一些表單就能得到一筆真正的金錢收益，常常是透過支票的形式，但過程就得先克服惰性的阻礙。[1]講到這些表單，我幾年前買手機的時候就好好學了一次教訓。當時那支手機價格不菲，但附了一張申請表，提供一大良機：只要寄回申請表，就能得到200美元。這不是太棒了嗎！但我不知道把申請表丟到哪裡，苦苦找了兩小時，實在找不到。

各家企業很清楚這件事。不論是在哪種市場，各種優惠的實際使用率都非常低，一般落在10%到40%之間，代表大多數顧客不是忘了，就是根本懶得申請。[2]有鑑於惰性的威力，這或許並不值得驚訝。但真正讓人想不到的是，對於自己會郵寄表格申請的可能性，民眾卻**樂觀到不切實際**。「惰性」和「不切實際的樂觀」連

手，既是種惡魔般的組合，也是行銷的良機。商人可能會用高價賣給你手機或其他產品，但告訴你只要寄回某份表單，就能得到大筆退款。在消費者抱持著不切實際的樂觀，又受到惰性影響的時候，就成為一種聰明的策略，讓商人多半能把這筆錢留在口袋裡。

過去有一項研究詳細記錄這項問題，研究名稱精準而有趣：人人都相信會有救贖（Everyone Believes in Redemption）[3]。在相關研究中，民眾覺得自己有大約80%的機率會在限定的30天內寄回表格，得到退款。但實際的申請率只有31%。雖然本來就不是人人都覺得申請不難，但大部分人還真的以為這對自己很簡單。

在同一項研究中，研究者（以不同的受試者）嘗試三種不同的方法，希望減少預測申請率與實際申請率之間巨大的落差。第一組：明確告知受試者，在過去類似的群體中，申請率不到三分之一。第二組：有兩次明確的提醒，一次是在購買後不久，另一次則是在申請期限將屆。第三組：大幅縮減淤泥效應，簡化申請程序，不

再要求需要列印並簽署認證頁紙本。

　　事實證明，這三種措施都不會讓民眾降低樂觀程度！三組受試者都覺得自己有高達80%的可能性會寄回申請表格。但比較讓人想不到的是，前兩種方法都無法實際提升受試者的申請率。在第一組，受試者聽說其他群體的情形，顯然覺得：「這樣啊，可是那就是**其他人**啊，跟我有什麼關係？」而在第二組，雖然「提醒」這件事通常能讓人集中注意力，減少惰性的影響，但在這次實驗卻沒能發揮作用。

　　其中，只有一種做法真正發揮作用，那就是「簡化」，也就是縮減淤泥效應。這項做法對於民眾的實際行為產生強烈影響，靠著讓郵寄申請更容易，淤泥效應會有所縮減，顯著提升民眾採取行動的意願。申請率上升到54%左右，意味著理想預測與現實行動的落差減少一半。簡單來說，縮減淤泥效應，也就讓一切有所不同，大大改變民眾的行為。

玩玩數字

　　讓我們回到先前提過的一個數字：114億。這是美國政府每年強加給美國人民的文書作業時數。怎樣才能讓這個數字減少？

　　在這個兩極對立的時代，就算許多政治議題的意見相左，眾人應該都會同意這是問題。即使對氣候變遷、富人稅率與移民等議題水火不容，大概都還是會希望縮減淤泥效應。在美國，民主與共和兩黨政府都曾對抗淤泥效應。當然，某些議題（例如墮胎權與投票權）的淤泥效應仍有爭議，但就算不去觸及政治分歧，也還是有許多種方法能夠縮減淤泥效應。許多國家的狀況應該都是如此，像是歐洲就有嚴重的淤泥效應問題，多半是長年累積而來，而沒有當權者會去問：我們是不是要求太多東西？

淤泥效應稽核

我任職白宮的時候，曾經發出一份指導文件，要求聯邦機構檢測各自的文書作業負擔，這有點像是個案性質的淤泥效應稽核。這在當時是歐巴馬總統的明確指示。那份指導文件的內容如下：

在可行與適當範圍內，特別是對於複雜或冗長的表單，各單位應針對資訊的蒐集，包括各種聯邦表單，進行事先檢測，以求：（1）確保其複雜、繁重或混亂的程度不超過必要範圍；（2）盡可能取得相關最佳資訊，以了解這對大眾（包括小型企業）可能造成的負擔；（3）設法減輕負擔、予以簡化、增進理解。[4]

我們還可以把目標訂得更為遠大。無論在公私部門，如果想要推動縮減淤泥效應，一個好辦法就是定期

舉行**整體性**的淤泥效應稽核，讓人好好看看究竟目前的淤泥效應有多嚴重。不只政府機構應該進行淤泥效應稽核，各種企業與教育機構也該跟上腳步。

　　舉一個普通的例子：美國教育部如果要稽核自己的淤泥效應，第一步可以判斷自己給全國教育機構造成的文書作業負擔。先做出預測，再檢查預測是否準確，接著就是詢問各機構，看看預測是否應該調整。教育部可以先提供圖表，顯示哪裡的數字最高、哪裡最低，一方面可以作為自身評估之用，另一方面最好也能提供給公眾查閱。另外也可以具體點出是哪些指令造成哪些負擔，並且呈現那些負擔對於不同機構與族群（例如行政人員或學生）的影響程度。

　　要完整說明這一切，並不是一件小工程（對於負責這項工作的人來說，可能會覺得像是落入淤泥效應）。但相對來說，這應該不會是**太誇張**的工作量，而且能夠帶來極大的好處。舉例來說，有充分證據顯示，淤泥效應正在嚴重影響研究的生產力。[5]美國國家科學院

（National Academy of Sciences）發現，由於各方有太多不一致且重複的要求，從各種提報利益衝突的表單，到各種要求報告的命令，已經讓各項聯邦投資的報酬表現大大降低。[6]

如果是最簡單的案例，只要完成淤泥效應稽核，各個機構就能立刻了解目前的淤泥效應程度太高，而且對任何人都沒有好處。只要看到現在要求的各項作業量有多龐大，教育部高層應該會十分吃驚（我預測這裡的淤泥效應肯定不小）。現在有些要求無疑太過誇張，光是把這些事情擺在眼前，就足以刺激推動各項改革。

又或者讓我們來看看一些私部門的例子。如果事實證明，某些流程讓消費者很難購買某項產品，像是冰箱或汽車，企業或許就會想要簡化這項流程，藉此吸引更多顧客，得到好的名聲。此外，如果顧客提出客訴卻很難得到回應，整個消費體驗會大大扣分，這應該早已不是新聞。像是蘋果在內的許多公司，都靠著各種創意創新，希望減少顧客的等待時間，並且讓產品的維修更簡

單。不難想像企業之間會有一種競爭,希望率先成為無淤泥效應的企業,流暢解決消費者看重的事。而說到員工、投資人與學生也是如此。

但在另一個極端,則是企業可能早就發現某些淤泥效應其實符合自身的利益,所以就算做了淤泥效應稽核,也不會想要縮減淤泥效應。像是一種厲害的賺錢手段,就是讓顧客非常容易加入訂閱,但想退出的時候卻落入淤泥效應,走都走不了。經過仔細測試,或許就能看出這是一種最佳策略。至於如果在客訴的處理流程當中加進一定程度的淤泥效應,不但可能過濾掉不合理的客訴,而且就算客訴有理,或許還能省下一點錢。我們不難想像有一些情境,淤泥效應反而有益於企業的競爭利益。但在這裡問題仍然存在:這是不是一種行為市場失靈(behavioral market failure),適合透過法規加以干預?而答案通常是肯定的。

我們看到,美國每年都會編纂一份「資訊蒐集年度預算」,這份由資訊法規辦公室編纂的預算涵蓋整個聯

邦政府，會蒐集每個單位的行政負擔，再加以匯總。無論世界各地哪個國家的政府，應該都不難訂出類似的資訊蒐集預算，將文書作業負擔進行編目。如我們所見，肯定有些負擔屬於合理，而且最嚴重的淤泥效應形式還可能並非文書作業（可能是把時間浪費在排隊上）。但對政府來說，訂出資訊蒐集預算會是個重要的開始，很有可能會刺激引發縮減淤泥效應的動作。

至於私立機構也該編列類似的預算，就算只是內部參照也行；但公開透明也可能是個好主意。像是銀行、保險公司、醫院與出版社，減少淤泥效應就能省下大筆開支，也能改進民眾與這些單位往來的體驗。這裡最值得強調的或許就是醫院。如果醫院有淤泥效應的問題，不但會大大影響心情，甚至可能會損害健康，危及生命。

資訊法規辦公室

前面已經提過，資訊法規辦公室是依據文書作業

精簡法案而設立，被交付監督相關事務的責任。而根據
我的近距離觀察，資訊法規辦公室其實大有可為，有很
大的操作空間。資訊法規辦公室的一項工作，就是要批
准聯邦機構提出的每一項資訊蒐集要求（說「要求」還
是好聽話，政府大多數時候是命令民眾提供資訊）。要
是衛生及公共服務部想要蒐集醫院的資訊，或是交通部
想要蒐集汽車公司的資訊，最後都需要經過資訊法規辦
公室來核可。根據法律，資訊法規辦公室可以常常裁定
「不允許」，這樣就會發展出一套初步的推定原則：不要
再有淤泥效應。

當然，資訊法規辦公室也只是聯邦政府的一個單
位，與其他單位起衝突可不好。至少在某些時候，總會
想要走條簡單一點的路，對環保局、財政部或食品藥物
管理局直接說「好吧」。這在很大程度上要看高層的態
度：資訊法規辦公室主任是否在意文書作業負擔過重的
問題？是否將此視為優先事項？但不論在任何時候，資
訊法規辦公室都可以選擇對縮減淤泥效應大展身手，或

是得過且過。

資訊法規辦公室可以發動一場對文書作業負擔的戰爭，也可以睜一眼閉一眼。在各個機構單位需要被批准資訊蒐集要求的時候，資訊法規辦公室可以把標準抓得寬鬆，也可以抓得嚴格。高層可以強力暗示要鬆一點，也可以暗示要嚴一些。由於資訊法規辦公室會逐一檢視各個機關的資料蒐集要求，因此可以特別針對各個機關，決定是否要縮減每年新增的文書作業負擔。[7]

又或者，如果要更有雄心壯志，資訊法規辦公室也可以更系統性的採取行動。每隔六個月左右，資訊法規辦公室就會提出一次「資料需求」（data call），也就是告訴各個聯邦機構，資訊法規辦公室希望它們在文書作業方面有什麼作為。透過資料需求，資訊法規辦公室就能夠指示各機構積極縮減淤泥效應。[8]此外，資訊法規辦公室既能夠發布具有約束力的指導文件，要求大幅減輕文書作業負擔，[9]也能夠與白宮其他事務處或總統本人合作，製作總統備忘錄或行政命令。如果是美國總統下

令要減少文書作業負擔，或是指示聯邦機構縮減淤泥效
應，幾乎肯定就能看到一些實際作為。（但如果要問這
在美國史上發生過幾次，答案是一次都沒有。）

在過去幾十年間，雖然資訊法規辦公室的表現差強
人意，但也不是全無成績。舉例來說，我在2012年擔任
資訊法規辦公室主任的時候，就曾指示各機關要努力減
少文書作業負擔，[10]針對造成高負擔的機關（包括財政
部、衛生及公眾服務部、證券交易委員會、交通部、環
境保護局、國土安全部、勞工部、農業部），要求這些
負擔在「數量上要顯著的減少」。根據指示，這些機關
必須訂出至少一項方案，能夠減少每年至少200萬小時
的文書作業負擔。至於全體機關，也都應該設法使年度
負擔減少至少5萬小時。[11]

資訊法規辦公室反覆鼓勵縮減淤泥效應，指示各機
關使用短版選項、允許電子通訊、推動預填表格、減少
蒐集資訊的頻率，也要重複運用政府的既有資訊。[12]這
些都是在設立各種標準做法，可以適用於各種不同程度

的喜好需求。美國或其他國家都應該參考澳洲的「智慧表格計畫」（SmartForms initiative）的做法，採用預填表格，除了看起來能夠提升準確性，也能大大縮減淤泥效應。[13]

而且我們也不妨考慮再找出其他創新的方法，手段或許可以更為積極。如果還記得114億小時這個數字，或許就會同意資訊法規辦公室應該大刀闊斧減少淤泥效應，既要處理不斷新增的負擔，也要砍除舊有的累積。為了說明這一點：資訊法規辦公室可以透過總統令（最有力的工具）或自己發出指令（也是不錯的選擇），要求各機關在未來六個月內做到以下事項：

• 找出至少三個步驟來減輕現有負擔。

• 目前對人民造成沉重負擔的機關（根據標準化的定義），必須將現有負擔減少至少5萬小時；目前對人民造成最沉重負擔的機關，則必須減少至少200萬小時。[14]

- 特別注意減輕弱勢群體的負擔,包括年長、生病、殘疾與貧困人士。
- 特別注意減輕不利於當前政策優先事項或特殊利益的負擔,例如在教育、醫療照護、交通運輸等項目。

　　相關的做法可能各有不同,而資訊法規辦公室與各個機關的討論也肯定會帶出新的想法。不同的政府可能有不同的政策優先事項。有些可能希望先減少平價醫療法案造成的資訊蒐集負擔;也有一些想先減少小型企業與新創企業會遇上的淤泥效應;還有一些想處理交通運輸部門或教育界的負擔;甚至有些會想全部一起做。在教育領域,由於淤泥效應對各級學校(與學生)都會造成重大損失,應該大刀闊斧設法加以縮減。

　　重要的是,許多行政負擔來自州和地方政府,雖然資訊法規辦公室無法直接下達指令,但還是應該透過召集權來清除淤泥效應,特別是在聯邦、州與地方政府必

153

須協調的情況下，就能使上一點力。[15]

法院

　　還有一些問題潛藏在背景中。如果是聯邦政府違反文書作業精簡法案，強加文書負擔，法律上有沒有應對的辦法？法院能否發揮作用？淤泥效應是否違法？過去有沒有例子？舉例來說，如果是衛生部要求醫院填寫大量如天書一般的表格，顯然太過荒謬，不符合文書作業精簡法案所提應該簡化、有實際效用的需求，醫院可以援引文書作業精簡法案，使這項要求無效嗎？答案很清楚：並不行。

　　一般來說，只要資訊法規辦公室已經批准某項資料蒐集要求，民眾就必須遵守。[16]文書作業精簡法案寫得很明確，唯一的要求就是資訊蒐集必須具備並標明管制編號，顯示已獲得資訊法規辦公室核准。這也是最令人遺憾的一點。文書作業精簡法案遲早應該修改，

以允許公民對資訊蒐集做出更廣泛的反抗。「行政程序法」（Administrative Procedure Act）是管制型國家的法律章程，通常在公職人員做出武斷蠻橫決定的時候，就會允許進行司法審查。[17]有鑑於淤泥效應可能造成龐大的成本與干擾，也應適用此等規定。用比較平易近人的話來說：如果是政府強加文書作業負擔或其他類型的淤泥效應，而且並不屬於合理的情形（見第五章），就應該要求法院予以駁回。

國會

文書作業精簡法案是否還有什麼地方可以再加以修訂？過去就連資訊法規辦公室本身也對這種想法有些遲疑，因為就算有些地方可以做出好的修訂，但這等於是為未來的修訂開了大門，讓法案落到國會手中，可能變得與現況脫節，甚至形成反效果。雖然如此，有些理想遠大的提案依然值得認真考慮。特別是有四項改革，絕

對能夠大大改善現狀。

1. 有許多淤泥效應根本是由國會自己規定，因此行政部門也無力以文書作業精簡法案要求縮減。這是個嚴重的問題，妨礙資訊法規辦公室與其他機關希望精簡文書作業負擔的善意作為。國會相關委員會應該以大幅縮減為目標，重新審視這些規定與其他類型的淤泥效應。

2. 國會應該要求聯邦機關定期審視現有的文書作業負擔，也就是要進行整體與特定的淤泥效應稽核。這麼做的目標是去了解目前的淤泥效應程度是否合理，並去除那些過時、無意義、成本過高的行政負擔。而這項改革的基礎，就在於現行對於法規整體檢視的要求。[18]

　　關於淤泥效應的回顧，可以安排每兩年一次，並且向國會提交公開報告。報告的內容也可以和當時的資訊蒐集年度預算結合。理想上，淤

泥效應稽核會反映在資訊法規辦公室所提出的指導文件上，包括提出一些範本，呈現目前的最佳實務。

3. 國會應明確要求各機關，選擇最不會造成文書作業負擔的方式來達到各項目標。這基本上也就是要追求成本效果，重要性不容輕忽。舉例來說，要是年度報告與季度報告的效益相同，機關就應該選擇年度報告即可。而要是電子報告的效果與紙本報告相同，機關就應該允許採用電子報告。前面已經提過，雖然可以說現行法律已經很要求成本效果，但透過立法釋放明確的訊號會有很大的好處，能夠讓各個聯邦機關注意到這一點。

4. 國會應該明確要求，淤泥效應的效益必須值得付出對應的成本。講到文書作業，可以說目前的文書作業精簡法案已經很重視成本效益平衡，但法案說得並不清楚，而以我的經驗顯示，資訊法規辦公室還沒有共識認定各機關必須證明文書作業

的要求是利大於弊。同樣的,國會對此也應該明確表態。

成本與效益平衡

　　無論是關於淤泥效應,又或是整體的法規,都該了解「成本效益」(cost-effectiveness)和「成本效益分析」(cost-benefit analysis)之間的差異。「成本效益」指的是以成本最低的方式實現特定目標,這應該是個重要而合理的概念,不會有什麼爭議。畢竟,誰會想用花費高到沒必要的方式來實現特定目標?[19]然而,一項負擔雖然有可能符合成本效益,但無法通過成本效益分析,這樣算起來仍然是個壞點子。一般來說,必須強調就算某項負擔已經符合成本效益,還是需要通過成本效益分析,才能確保整體而言利大於弊。

　　確實,對於文書作業負擔來說,成本和效益之間的平衡並不那麼容易。各機關想進行這種平衡的時候,

大致上也就是要從經濟的角度，比較文書負擔的社會效益與社會成本。單就術語的字面看來，很難說文書作業負擔是否能產生**社會**效益。像是國稅局讓納稅人承受的文書作業負擔，可能是在確保納稅人都遵循法規。我們確實可以去談談這時的經濟成本（像是將文書作業時數換算成貨幣金額）與經濟利益（像是財政部會收到多少錢），[20]但這些並不是標準的成本效益分析。又或者，也有一些淤泥效應是在確保只有該拿到福利的人能夠取得福利，例如避免讓不具備相關資格的人取得教育補助。但要再次強調，這也不是標準的成本效益分析。

　　這種時候要評量成本效益，比較合理的做法不是去比較經濟上的社會成本與社會效益，而是去看這些做法是否**符合比例**。投入大量的成本，是不是為了要達成重大而合理的目的？成本的規模究竟多大？負擔多大？獲利的規模又有多大？如果能得到明確實際的數字，就有助於做出良好決策，對抗過重的負擔。出於前面提過的原因，成本與效益的分析還應該納入對於分配效應的分

析：究竟是哪些人得到幫助？又是哪些人受到傷害？舉例來說，淤泥效應主要影響的對象是不是老弱殘窮？

值得強調的是，就算只是比較粗略的成本效益分析，也有助於**強迫透露資訊**（information forcing），讓各個機關更有動力精準計算負擔時數，換算為貨幣金額，同時也會想更具體、更加量化了解資訊蒐集所能帶來的預期效益。

我們還需要遠遠更多的資訊，告訴我們「蒐集資訊」究竟帶來怎樣的效益。就這點而言，要求在成本與效益之間達到平衡，應該能有很大的幫助，而且這應該也能帶來刺激，鼓勵大家改善或是找出更具創造性的方式，測試淤泥效應的效益是否大於成本。

7

最珍貴的商品

　　有些人會上街遊行，舉著五顏六色的標語旗幟，希望推動消費者保護、經濟成長、勞工權利、環境保護、性別平等、投票權、減少貧窮、心理健康、移民權利、簽證改革、種族正義、小型與新創企業，但不會有人上街舉著標語寫道：「縮減淤泥效應，刻不容緩！」但事實上，為了那些目標，這些人或許正應該這麼要求。

　　淤泥效應有損人類尊嚴，會讓人覺得好像自己的時間並不重要，極端情況還會覺得自己的生命也無所謂。

確實，如果把縮減淤泥效應視為與「世界人權宣言」相得益彰，似乎是誇張了點，但其實也沒有那麼誇張。

淤泥效應是全民的累贅，讓一切變得更糟。不論是理性的人，或是有行為偏誤（例如惰性與現時偏誤）的人，都會被淤泥效應阻礙行使憲法的權利，難以取得重要的福利。淤泥效應也像是課徵稅負。要是政府要求人民每年花上114億小時處理文書作業，就等於製造至少相當於3078億美元的成本。而且這個金額其實還太小看淤泥效應實際造成的經濟和心理影響。淤泥效應不但會損害最基本的權利，甚至還可能造成生命損失。

全球各國都應該針對淤泥效應發起一場積極而全面的進擊，這是為了就業、為了教育、為了投票權、為了執照證照、為了各種許可，也為了人民健康。這會需要從計畫設計層面就開始縮減淤泥效應，包括徹底簡化現有要求、（更好的情況是）進一步運用預設選項來降低學習和法遵成本。「自動登記」就是這種例子，能將淤泥效應降到零，也因此能夠發揮極大的影響力。就算在

無法或不宜採用自動登記的時候,政府也有其他各種工具能夠使用:簡化流程、使用白話;線上、電話或實體協助;透過友善的資訊降低心理成本。

無論公私部門,都需要進行**淤泥效應稽核**,以有憑有據的方式來面對淤泥效應,包括評估其成本與效益,以及衡量其分配效應。淤泥效應真的有助於減少各種舞弊嗎?能夠減掉多少?申請各項許可的時候,有多少人被刷掉?推出各項福利的時候,參與度有多高?在各個不同族群之間又有何不同,包括最弱勢族群?是否會對年長者、殘疾人士、女性與有色人種有害?想要符合法規,需要付出多少時間與金錢?

可以肯定的是,這些問題的答案不一定一目了然。像是用淤泥效應阻撓行使墮胎權究竟是好是壞,民眾的意見就會有所分歧。如果因為淤泥效應,讓希望幫助失業者的方案申請不那麼踴躍,有些人會感到憤怒,但也會有某些人覺得沒什麼大不了,甚至認為是件好事;有可能這種淤泥效應是為了更精確鎖定目標,或是為了鼓

勵人民努力工作。要認定淤泥效應是造成損失,或是帶來效益,我們有時候就會面對價值觀大不同的情形。但在很多情況下,這些分歧既無趣,也無關緊要,只要直指問題本身,就能看出這些淤泥效應是得不償失。

讓我們回想一下2020年全球新冠疫情期間,美國對淤泥效應掀起一場戰爭,幾乎所有人都在讚揚,也拯救諸多生命。想應對淤泥效應,或許我們不用真的發起大規模的戰爭,但確實需要許多小規模的戰鬥。在將來,應該要把縮減淤泥效應視為重要優先事項,原因也很簡單:淤泥效應確實弊大於利。

時間是人類擁有最寶貴的商品,且讓我們設法讓人民掌握更多的時間。

致謝

前面已經提到，我對這項主題的興趣主要來自於在歐巴馬總統任內擔任白宮資訊法規辦公室主任的經歷。非常感謝當時的同事，特別是資訊法規辦公室優秀的全體人員，讓我了解許多關於文書作業與資訊蒐集所帶來的負擔，也讓我懂得可以採取怎樣的應對措施。

多年以來，我一直和好友理查・塞勒（Richard Thaler）攜手研究，共同寫作。在探討淤泥效應問題的路上，他也發揮重要的作用。人生很少有什麼事情是確定

的，但我可以肯定，要是沒有他，就不會有這本書的存在。也要特別感謝首先提出「sludge」（淤泥效應）一詞的凱特・蘭伯頓，感謝她的獨創性，也感謝她提出的寶貴論點。另外，與露西亞・瑞希（Lucia Reisch）和狄立普・索曼（Dilip Soman）的對話也令我獲益良多。

另外還有三本好書，主題與本書重疊，也深深影響了我。作者森迪爾・穆蘭納珊（Sendhil Mullainathan）與艾爾達・夏菲爾（Eldar Shafir）在2016年出版的《匱乏經濟學》（*Scarcity*），明智的將焦點放在認知匱乏（或說頻寬有限）的問題上，也將這個問題帶到各種文書作業與其他的負擔上。帕蜜拉・赫德與唐納・莫伊尼漢在2019年出版的《行政負擔》（*Administrative Burden*），探討行政負擔造成的影響，並且特別聚焦於對政府運作的影響，極具價值。伊麗莎白・艾門斯（Elizabeth Emens）在2019年出版的《日常瑣事》（*Life Admin*），全書筆調鮮活、涵蓋廣泛，討論深具啟發，探討現代生活許多乏味的事務，以及這些事務所造成的效率低落與不公不義。

我知道自己並沒有比其他人看得更遠,但這本輕薄短小的著作肯定是站在巨人的肩膀上。

感謝四位匿名審稿人提出寶貴意見,讓初稿得以大幅改進。從過去到現在,艾蜜莉・泰伯(Emily Taber)一向是極為出色的編輯,她的火眼金睛讓這本書大有進步。感謝哈佛法學院,特別是行為經濟學與公共政策學程(Behavioral Economics and Public Policy Program)的寶貴支持。感謝莉亞・坎塔諾(Lia Cattaneo)、丹尼斯・夏安(Dinis Cheian)、克里斯多夫・克魯茲(Christopher Cruz)、艾利・納赫曼尼(Eli Nachmany)、盧卡斯・羅斯(Lukas Roth)在研究上提供無與倫比的協助。感謝我的經紀人莎拉・查爾芬特(Sarah Chalfant),為本書提供不可或缺的指導。感謝凱薩琳・卡露索(Kathleen Caruso)帶領著這本書走到完成,將路上的淤泥效應縮到最少;感謝梅琳達・藍金(Melinda Rankin)出色的審稿修訂。

我在本書引用兩篇過去發表過的文章:*Sludge and*

Ordeals, 68 Duke L.J. 1843 (2019); *Sludge Audits*, Behav. Pub. Pol'y (2020)。感謝這兩份期刊允許授權。

各章注釋

1 一項詛咒

1. Sludge這個詞最先是由凱特・蘭伯頓（Cait Lamberton）以這種方式使用，她先是在推特發文，接著是在Cait Lamberton & Benjamin Castleman, *Nudging in a Sludge-Filled World*, HuffPost (Sept. 30, 2016, 5:41 PM, updated Dec. 6, 2017), https://www.huffpost.com/entry/nudging-in-a-sludgefilled_b_12087688提出。這篇論文的兩位作者已經提出「淤泥效應稽核」（Sludge

Audit）的概念，但他們對這個詞的理解與我稍有不同。理查‧塞勒（Richard Thaler）也使用這個詞，並且加以發揚光大，請見：Richard Thaler, *Nudge, Not Sludge*, 361 Science 431 (2018).

2. *City Offers Automatic Admission to Graduating Seniors*, City of W. Sacramento (June 8, 2020, 5:46 PM), https://www.cityofwestsacramento.org/Home/Components/News/News/1734/67.

3. 參見Elizabeth Emens, Life Admin: How I Learned to Do Less, Do Better, and Live More (2019).

4. 就這些目的而言，維根斯坦對於「語言遊戲」（language game）與「家人相貌的相似性」（family resemblance）的討論既充分且具有決定意義。參見Ludwig Wittgenstein, Philosophical Investigations (1953).

5. 大致可參見Matthew Adler, Measuring Social Welfare: An Introduction (2019).

6. 參見Michael Luca et al., *Handgun Waiting Periods Reduce*

Gun Deaths, 114 Proc. Nat'l Acads. Sci.12162 (2017).

7. *SNAP—Adjusting Interview Requirements Due to Novel Coronavirus (COVID-19)—Blanket Approval*, US Dep't of Agric. Food & Nutrition Serv. (June 3, 2020), https://www.fns.usda.gov/snap/adjusting-interview-requirements-covid-19-blanket-waiver.

8. Press Release, Ctrs. for Medicare & Medicaid Servs., *Trump Administration Makes Sweeping Regulatory Changes to Help U.S. Healthcare System Address COVID-19 Patient Surge* (Mar. 30, 2020), https://www.cms.gov/newsroom/press-releases/trump-administration-makes-sweeping-regulatory-changes-help-us-healthcare-system-address-covid-19.

9. Press Release, FDA, *Coronavirus (COVID-19) Update: FDA Gives Flexibility to New York State Department of Health, FDA Issues Emergency Use Authorization Diagnostic* (Mar. 13, 2020), https://www.fda.gov/news-events/press-announcements/coronavirus-covid-19-update-fda-gives-

flexibility-new-york-state-department-health-fda-issues.

10. 參見Julian Christensen et al., *Human Capital and Administrative Burden: The Role of Cognitive Resources in Citizen-State Interactions*, 80 Public Admin. Rev. 127 (2019), https://onlinelibrary.wiley.com/doi/pdf/10.1111/puar.13134.

11. 參見Jon Elster, Sour Grapes (1983).

12. 在美國，聯邦政府並未訂定標準時薪，但在法規影響評估（Regulatory Impact Analyses）當中採用的是勞工統計局（Bureau of Labor Statistics）的數字，也就是平均在27美元左右。例如參見FDA, FDA-2016-N-2527, Tobacco Product Standard for N-Nitrosonornicotine Level in Finished Smokeless Tobacco Products (Preliminary Regulatory Impact Analysis) 78 (Jan. 2017), https://www.fda.gov/downloads/aboutfda/reportsmanualsforms/reports/economicanalyses/ucm537872.pdf (https://perma.cc/46HT-25RZ)（「依據勞工統計局[US Bureau of

Labor Statistics, 2015]公布的2015年5月《職業類別就業統計》[Occupational Employment Statistics]當前市場工資,計算人工工時的價值」);*Average Hourly and Weekly Earnings of All Employees on Private Nonfarm Payrolls by Industry Sector, Seasonally Adjusted*, Bureau of Labor Statistics, https://www.bls.gov/news.release/empsit.t19.htm (https://perma.cc/42WN-8CDG)(列出2019年1月民間產業平均時薪為27.56美元。)

13. 參見U.S. Dep't of Agric. Food & Nutrition Serv., Direct Certification in the National School Lunch Program Report to Congress: State Implementation Progress, School Year 2014-2015 2 (2016)(「要進行直接核可的時候,通常需要的是在州或是地方教育機關層級將學生入學名冊與補充營養援助計畫〔Supplemental Nutrition Assistance Program, SNAP〕、貧窮家庭暫時性救助金〔Temporary Assistance for Needy Families, TANF〕與印第安保留區糧食輸配計畫〔Food Distribution Program

on Indian Reservations, FDPIR〕的紀錄進行比對。」)

14. Id. at 15, 24.

15. 參見Susan Dynarski & Mark Wiederspan, Student Aid Simplification: Looking Back and Looking Ahead 19 (NBER, Working Paper No. 17834, 2012), https://www. nber.org/papers/w17834; Eric Bettinger et al., The Role of Simplification and Information in College Decisions: Results from the H&R Block FAFSA Experiment 23 (NBER, Working Paper No. 15361, 2009), https://www. nber.org/papers/w15361. 私部門也提出一項方案，希望大幅簡化這項過程，參見mos.com。

16. 參見*Automatic Voter Registration*, Brennan Ctr. for Justice (Nov. 7, 2018), https://www.brennancenter.org/analysis/ automatic-voter-registration (https://perma.cc/6EPA-GD5T).截至2018年，共有13州與哥倫比亞特區批准採用自動選民登記，這13州是：阿拉斯加州、加州、科羅拉多州、喬治亞州、伊利諾州、馬里蘭

州、麻州、紐澤西州、奧勒岡州、羅德島州、佛蒙特州、華盛頓州、西維吉尼亞州。參見 *History of AVR & Implementation Dates*, Brennan Ctr. for Justice (Nov. 7, 2018), https://www.brennancenter.org/analysis/history-avr-implementation-dates (https://perma.cc/VXY8-RKQB).

17. Rob Griffin, Paul Gronke, Tova Wang & Liz Kennedy, Ctr. for Am. Progress, Who Votes With Automatic Voter Registration? Impact Analysis of Oregon's First-in-the-Nation Program (2017), https://www.americanprogress.org/issues/democracy/reports/2017/06/07/433677/votes-automatic-voter-registration/#fn-433677-2 (https://perma.cc/9L7K-YPWX).

18. 一項重要討論大致可參見 Elizabeth F. Emens, *Admin*, 103 Geo. L.J. 1409 (2015). 關於醫療照護領域的情形，參見 George Loewenstein et al., *A Behavioral Blueprint for Improving Health Care Policy*, 3 Behav.Sci. & Pol'y 53, 53–66 (2017).

19. 44 U.S.C. §§3501–3521.

20. 44 U.S.C. §3504(c)；強調為筆者所加。

21. 關於這樣的放鬆管制方式，參見Memorandum from Cass R. Sunstein, Admin., OIRA, to the Heads of Executive Departments and Agencies (June 22, 2012), https://www.transportation.gov/sites/dot.gov/files/docs/OMB%20Memo%20on%20Reducing%20Reporting%20and%20Paperwork%20Burdens.pdf (providing direction to agencies consistent with the PRA and Executive Order 13610, Identifying and Reducing Regulatory Burdens); Memorandum from Cass R. Sunstein, Admin., OIRA, to the Heads of Executive Departments and Agencies, and of the Independent Regulatory Commissions (Aug. 9, 2012), https://obamawhitehouse.archives.gov/sites/default/files/omb/inforeg/memos/testing-and-simplifying-federal-forms.pdf.

22. 44 U.S.C. §3514(a). 值得注意的是，2016到2020年遵

守這項要求的情況並不理想，只提出一份報告。

23. OIRA, Information Collection Budget of the United States Government (2017), https://www.whitehouse.gov/wp-content/uploads/2020/02/icb_2017-FINAL-1.pdf.

24. 很遺憾，「資訊蒐集年度預算」並未區分資訊蒐集是否出於自願，但顯然多數並非自願性質。例如在所有資訊蒐集的要求當中，財政部占了超過半數（多半是透過國稅局），而民眾並非自願遵守相關要求。

25. 聯邦政府並未訂定標準時薪，但在法規影響評估當中是採用勞工統計局的數字，也就是平均在27美元左右。例如參見FDA, supra note 12.

2 淤泥效應的傷害

1. 參見Cox v. New Hampshire, 312 U.S. 569, 575, 576 (1941)（贊成只約束言論「時間、地點與方式」的授權機制。）

2. 參見Thomas Emerson, *The Doctrine of Prior Restraint*, 20

Law & Contemp. Probs. 648, 670 (1955)（將「事先限制」描述為一種「具體的管控方式；經驗告訴我們，這種具體的管控方式往往會創造出一種有力且不必要的治理機制，可能會扼殺自由交流」。）

3. 參見Felice J. Freyer, *Emergency Rooms Once Offered Little for Drug Users: That's Starting to Change*, Bos. Globe (Dec. 10, 2018), https://www.bostonglobe.com/metro/2018/12/09/emergency-rooms-once-had-little-offer-addicted-people-that-starting-change/guX2LGPqG1UdAf9xUV9rXI/story.html (https://perma.cc/FH6P-C2UF).

4. 參見id.（描述麻州總醫院努力設法為鴉片成癮患者增加急診室資源。）

5. 這裡參考我與傑瑞米‧浮士德（Jeremy Faust）合作的研究。參見Jeremy Samuel Faust & Cass R. Sunstein, Opinion, *Cut the Federal Bureaucratic Sludge*, Bos.Globe (Oct. 8, 2019, 5:00 AM), https://www.bostonglobe.com/opinion/2019/10/08/cut-federal-bureaucratic-sludge/

JsLjUUdmy2WwA6xdQXjoGI/story.html.

6. 參見David Cutler & Dan Ly, *The (Paper) Work of Medicine: Understanding International Medical Costs*, 25 J. Econ. Persps. 3 (2011).

7. 參見Pamela Herd & Donald P. Moynihan, Administrative Burden: Policymaking by Other Means 23 (2019); Donald Moynihan et al., *Administrative Burden: Learning, Psychological, and Compliance Costs in Citizen-State Interactions*, 25 J. Pub. Admin.Res. & Theory 43, 45–46 (2014).

8. 參見Janet Currie, *The Take Up of Social Benefits* 11–12 (Inst. for the Study of Labor in Bonn, Discussion Paper No. 1103, 2004)（檢視美英兩國社會福利的申請率）；大致也可參見Katherine Baicker, William J. Congdon & Sendhil Mullainathan, *Health Insurance Coverage and Take-Up: Lessons from Behavioral Economics*, 90 Milbank Q. 107 (2012)（從行為經濟學觀點，檢視健康保險的低投

保率問題）；Carole Roan Gresenz, Sarah E. Edgington, Miriam Laugesen, & José J. Escarce, *Take-Up of Public Insurance and Crowd-Out of Private Insurance Under Recent CHIP Expansions to Higher Income Children*, 47 Health Servs.Res.1999 (2012)（分析擴大兒童醫療保險計畫資格會對健保投保率有何影響）；Saurabh Bhargava & Dayanand Manoli, *Improving Take-Up of Tax Benefits in the United States*, Abdul Latif Jameel Poverty Action Lab (2015), https://www.povertyactionlab.org/evaluation/improving-take-tax-benefits-united-states (https://perma.cc/TPW8-XDHU)（指出美國「有許多人雖然符合社會與經濟補助資格，卻未申請相關補助」。）

9. Regulatory Reform Team, *Case Study: Chicago Licensing and Permitting Reform*, Data-Smart City Solutions (Mar. 19, 2015), https:// datasmart.ash.harvard.edu/news/article/case-study-chicago-licensing-and-permitting-reform-647 (https://perma.cc/X3YJ-JSLM)（評估芝加哥市的監理環

境，發現「大約17%的分區許可申請會因為資訊不足而未能得到處理並遭退件」。）

10. 關於這項主題請參見Cass R. Sunstein, On Freedom (2019).

11. 精彩概述請見Richard H. Thaler, Misbehaving (2016).

12. 參見Benjamin Enke et al., *Cognitive Biases: Mistakes or Missing Stakes?* (CESifo, Working Paper No. 8168, 2020), https://www.ifo.de/DocDL/cesifo1_wp8168.pdf?fbclid=IwAR3NcT1bGAYWjDbRPp7ki6 Mfq5IQb-XtJQuMg3hLgVcPvLIWhkRJe81hUeA.

13. Brigitte C. Madrian & Dennis F. Shea, *The Power of Suggestion: Inertia in 401(k) Participation and Savings Behavior*, 116 Q.J. Econ.1149, 1185 (2001)（指出惰性會妨礙參與401(k)計畫）；另外參見John Pottow & Omri Ben-Shahar, *On the Stickiness of Default Rules*, 33 Fla.St. U. L. Rev. 651, 651 (2006)（「現在已經了解，除了擬約成本〔drafting cost〕以外，還有其他因素也可能讓人繼

續堅守不合宜的預設規定。」）

14. George Akerlof, *Procrastination and Obedience*, 81 Am. Econ. Rev. 1, 1–17 (1991)（檢視幾項「行為病理」〔behavioral pathologies〕，其中就包括拖延。）

15. 一個特別誇張的例子可參見Peter Bergman, Jessica Lasky-Fink & Todd Rogers, *Simplification and Defaults Affect Adoption and Impact of Technology, but Decision Makers Do Not Realize This* (Harvard Kennedy Sch. Faculty Research Working Paper Series, Working Paper No. RWP17-021, 2018), https://ssrn.com/abstract=3233874 (https://perma.cc/YWN6-BBCJ).

16. 參見Ted O'Donoghue & Matthew Rabin, *Present Bias: Lessons Learned and To Be Learned*, 105 Am. Econ. Rev. 273, 273–78 (2015).

17. 參見Sendhil Mullainathan & Eldar Shafir, Scarcity (2015).

18. Susan Parker, *Esther Duflo Explains Why She Believes Randomized Controlled Trials Are So Vital*, Ctr. for Effective

Philanthropy: Blog (June 23, 2011), https://cep.org/esther-duflo-explains-why-she-believes-rand omized-controlled-trials-are-so-vital/.

19. 參見Pamela Herd & Donald P. Moynihan, Administrative Burden: Policymaking by Other Means (2019). 相關討論請見：Jessica Roberts, *Nudge-Proof: Distributive Justice and the Ethics of Nudging,* 116 Mich. L. Rev. 1045 (2018). 「文書作業精簡法案」也支持這種想法，要求「特別重視會受到最嚴重不良影響的個人與實體。」44 U.S.C. § 3504(c)(3) (2012).

20. Karen Arulsamy & Liam Delaney, *The Impact of Automatic Enrolment on the Mental Health Gap in Pension Participation: Evidence from the UK* (Geary Inst., Working Paper No. 202004, 2020), https://ideas.repec.org/p/ucd/wpaper/202004.html.

21. 各種範例可參見Herd & Moynihan, supra note 19, at 30–31.

22. 參見注19所附的文字（解釋日常行政負擔有大半落在女性頭上）。

3 淤泥效應作為一種架構

1. 大致可參見Richard H. Thaler & Cass R. Sunstein, Nudge 83–105 (2008)（介紹選擇架構）

2. Peter Bergman & Todd Rogers, *The Impact of Defaults on Technology Adoption* 5 (Harvard Kennedy Sch. Faculty Research Working Paper Series, Working Paper No. RWP17-021, 2018), https://scholar.harvard .edu /files /todd_rogers /files /bergman_and_rogers_the_ impace_of_defaults.pdf (https://perma.cc/N7GF-BCY9).

3. Id.

4. Id.

5. 例如可參見Brigitte C. Madrian & Dennis F. Shea, *The Power of Suggestion: Inertia in 401(k) Participation and Savings Behavior*, 116 Q.J. Econ.1149, 1184 (2001)（摘

要簡介在改變預設選項之後，對401(k)的參與度與儲蓄習慣有何影響。）關於惰性對於交通方式的影響力，一項討論可參見Alessandro Innocenti, Patrizia Lattarulo & Maria Grazia Pazienza, *Heuristics and Biases in Travel Mode Choice* 20 (LabSi, Working Paper No. 27/2009, 2009), http://www.labsi.org/wp/labsi27.pdf (https://perma.cc/P23F-42UL).

6. 艾斯特・馬丁（Alister Martin）是這個領域的研究先驅，此處參考我們兩人共同的研究。參見Alister Martin & Cass R. Sunstein, *In the ER? Sign Up to Vote*, Bos. Globe (Jan. 13, 2020), https://www.bostonglobe.com/2020/01/13/opinion/er-sign-up-vote/.

7. Thom File, US Census Bureau, No. P20–577, Who Votes? Congressional Elections and the American Electorate: 1978–2014.

8. *Why Are Millions of Citizens Not Registered to Vote?*, Pew Charitable Trs. (June 21, 2017), https://www.pewtrusts.

org/en/research-and-analysis/issue-briefs/2017/06/why-are-millions-of-citizens-not-registered-to-vote.

9. James J. Augustine, *The Latest Emergency Department Utilization Numbers Are In*, ACEP Now (Oct. 20, 2019), https://www.acepnow.com/article/the-latest-emergency-department-utilization-numbers-are-in/.

10. Alisha Liggett et al., *Results of a Voter Registration Project at Two Family Medicine Residency Clinics in the Bronx, New York*, 12 Annals Fam. Med. 466 (2014).

11. *MGH Votes!*, Mass. Gen. Hosp. (Sept. 7, 2018), https://www.mass general.org/news/article/mgh-votes.

12. VotER, https://vot-er.org/ (last visited June 15, 2020).

13. National Voter Registration Act of 1993, 52 U.S.C. § 20507(d) (2012)。「國家選民登記法」（National Voter Registration Act）的目的之一，就是要「確保有準確與最新的選民登記名冊」。52 U.S.C. § 20501(b)(4).

14. 這是聯邦法律的建議做法。參見52 U.S.C. § 20507(c)

(1)，有36州至少會做到這個程度。參見Nat'l Assn. of Sec'ys of State, NASS Report: Maintenance of State Voter Registration Lists 5–6 (2017) (Dec. 2017), https://www.nass.org/sites/default/files/reports/nass-report-voter-reg-maintenance-final-dec17.pdf (https://perma.cc/FXJ6-RPXK). 例如參見Iowa Code § 48A.28.3 (2018)（允許每年寄送通知）；Ga.Code Ann. § 21-2-234(a) (1)–(2) (2018)（將通知寄給三年「沒有聯絡」的登記人）；Pa.Stat.Ann., tit.25, § 1901(b)(3) (2018)（將通知寄給五年沒有投票的選民）；Ohio Rev. Code Ann. § 3503.21(B)(2) (2018)（將通知寄給連續兩次聯邦選舉未投票的選民）。也請注意，某些州寄送通知的標準是根據一些很可能有問題的州際資料庫比對結果。例如參見Okla. Admin.Code § 230:15-11-19(a)(3) (2018)（將通知寄給自從「前兩屆大選」以來均未投票、或是經過州際資料庫間比對認定投票登記有問題的選民）；Wis. Stat.Ann. § 6.50(1) (2018)（將通知寄給四

年沒有投票的選民）。另外參見Jonathan Brater et al., Brennan Center for Justice at the New York University School of Law, Purges: A Growing Threat to the Right to Vote 7–8 (2018)（解釋為何奧克拉荷馬州這種在州際資料庫間「比對確認」的方式並不可靠，也不準確）。

15. 參見52 U.S.C. § 20507(d)(1)(ii).

16. 52 U.S.C. § 20507(d)，根據本法，「未能將回函卡寄回」會是以地址變更為由而將登記選民從投票名冊除名的兩種充分條件之一。 Husted v. A. Philip Randolph Inst., 138 S. Ct. 1833, 1845 (2018)（不贊成將收到回函卡後直接丟棄的選民認定為「沒有價值」）。

17. 相關討論可參見Petra Persson, *Attention Manipulation and Information Overload*, 2 Behav.Pub.Pol'y 78 (2018); Thomas Blake, Sarah Moshary, Kane Sweeney & Steven Tadelis, *Price Salience and Product Choice* (NBER, Working Paper No. 25186, 2018), https:// www.nber.org/papers/ w25186?sy=186 (https://perma.cc/Y54U-9K9S).

18. 參見Wendy Wagner, Incomprehensible! (2019).

19. Arunesh Mather et al., *Dark Patterns at Scale: Findings from a Crawl of 11K Shopping Websites*, 3 Proc. ACM Hum.-Comput. Interact. 81 (2019), https://arxiv.org/pdf/1907.07032.pdf.

20. 參見Xavier Gabaix & David Laibson, Shrouded Attributes, Consumer Myopia, and Information Suppression in Competitive Markets, 121 Q.J.Econ.505 (2006).

4 淤泥效應發威

1. 參見Pamela Herd & Donald P. Moynihan, Administrative Burden: Policymaking by Other Means (2019).

2. 參見Wendy Wagner, Incomprehensible! (2019)，書中提供重要討論。

3. Herd & Moynihan, supra note 1, at 215.

4. Id. at 233.

5. Id. at 215.

6. Id. at 219; 225–226.

7. Id. at 227.

8. Id. at 233.

9. Id. at 237.

10. Id.

11. 參見Katherine Baicker, William J. Congdon & Sendhil Mullainathan, *Health Insurance Coverage and Take-Up: Lessons from Behavioral Economics*, 90 Milbank Q. 107 (2012).

12. 參見Ben Sommers et al., US Dep't Health & Hum. Services: Office of the Assistant Secretary for Planning and Evaluation, *ASPE Issue Brief: Understanding Participation Rates in Medicaid: Implications for the Affordable Care Act* (2012), https://aspe.hhs.gov/basic-report/understanding-participation-rates-medicaid-implications-affordable-care-act. 參見Baicker, Congdon & Mullainathan, supra note 11.

13. 參見id.

14. 大致討論可參見Making Work Pay (Bruce Meyer & Douglas Holtz-Eakin eds.2002)。

15. Herd & Moynihan, supra note 1, at 191.

16. Id. at 196.

17. Id. at 194.

18. Id. at 196.

19. 令人意外，目前似乎沒有文獻討論自動登記與勞動所得稅收抵免方案的關係。這個領域值得鍥而不捨的研究下去。

20. Herd & Moynihan, supra note 1, at 213.

21. *Policy Basics: The Supplemental Nutrition Assistance Program (SNAP)*, Ctr. on Budget & Policy Priorities (June 25, 2019), https://www.cbpp.org/research/food-assistance/policy-basics-the-supplemental-nutrition-assistance-program-snap.

22. *SNAP Data Tables*, USDA (May 15, 2020), https://www.fns.usda.gov/pd/supplemental-nutrition-assistance-program-snap.

23. *The Positive Effect of SNAP Benefits on Participants and Communities*, Food Research & Action Ctr., https://frac.org/programs/supplemental-nutrition-assistance-program-snap/positive-effect-snap-benefits-participants-communities (last accessed June 15, 2020).

24. Id.有些人全然被排除在領取補充營養援助計畫的福利之外，包括學生與無證移民。

25. David Ribar, *How to Improve Participation in Social Assistance Programs*, 104 IZA World of Lab., Dec. 2014, at 3.

26. Karen Cunnyngham, USDA, Reaching Those in Need: Estimates of State Supplemental Nutrition Assistance Program Participation Rates in 2016 1 (2019); Mark Prell et al., USDA, Annual and Monthly SNAP Participation Rates 2 (2015).

27. Janet M. Currie, The Invisible Safety Net 68–70 (2006).

28. Brian Stacy et al., USDA, Using a Policy Index To Capture Trends and Differences in State Administration of USDA's

Supplemental Nutrition Assistance Program 15 (2018).

29. Currie, supra note 27, at 68.

30. Id. at 68–69.

31. *SNAP Online: A Review of State Government SNAP Website*, Ctr. on Budget & Policy Priorities (Jan. 27, 2020), https://www.cbpp.org/research/food-assistance/snap-online-a-review-of-state-government-snap-websites.

32. Hiram Lopez-Ladin, AARP Foundation, SNAP Access Barriers Faced by Low Income 50–59 Year Olds 15 (2013).

33. Id. at 5.

34. Tatiana Homonoff & Jason Somerville, *Program Recertification Costs: Evidence from SNAP* (NBER, Working Paper No. 27311, 2020).

35. Id.

36. Id. at 3.

37. Id. at 4.

38. Id. at 5.

39. C. A. Pinard et al., *What Factors Influence Snap Participation? Literature Reflecting Enrollment in Food Assistance Programs from a Social and Behavioral Science Perspective*, 12 J. Hunger & Envt'l Nutrition 151, 157 (2017).

40. *Policy Basics: Temporary Assistance for Needy Families*, Ctr. on Budget & Policy Priorities (Feb. 6, 2020), https://www.cbpp.org/research/family-income-support/temporary-assistance-for-needy-families.

41. Linda Giannarelli, Urban Inst., What Was the TANF Participation Rate in 2016? 1 (2019).

42. Ife Floyd, *Cash Assistance Should Reach Millions More Families*, Ctr. on Budget & Policy Priorities (Mar. 4, 2020), https://www.cbpp.org/research/family-income-support/cash-assistance-should-reach-millions-more-families.

43. Id.

44. Id.

45. 對於貧窮家庭暫時性救助金的資格與申請流程，各

州有很大的裁量權。 *Policy Basics: Temporary Assistance for Needy Families*, supra note 40, at 3. 以哥倫比亞特區為例，就要求提供申請表、本人面談，也可能要求申請者提供收入證明、資產證明、特區居住證明、社會安全號碼、體檢報告、移民資訊、出生證明，以及由非親屬所提供的聲明。參見*TANF for District Families*, DC Dep't of Human Servs., https://dhs.dc.gov/service/tanf-district-families (last accessed Aug. 18, 2020); *Documents You May Need for Your Interview*, DC Dep't of Human Servs., https://dhs.dc.gov/service/documents-you-may-need-your-interview (last accessed Aug. 18, 2020).

46. Heather Hahn et al., Urban Inst., Work Requirements in Social Safety Net Programs (2017); Pamela A. Holcomb et al., US Dep't of Health & Human Servs., The Application Process for TANF, Food Stamps, Medicaid and SCHIP 3–9 (2003).

47. Holcomb et al., supra note 46, at v.

48. Barak Y. Orbach, *Unwelcome Benefits: Why Welfare Beneficiaries Reject Government Aid*, 24 Law & Ineq. 108, 120–123 (2006).

49. 參見 *Online Services for Key Low-Income Benefit Programs*, Ctr. on Budget & Policy Priorities (July 29, 2016), https:// www.cbpp.org/research/online-services-for-key-low-income-benefit-programs.

50. Id.

51. 參見Jennifer Stuber & Karl Kronebusch, *Stigma and Other Determinants of Participation in TANF and Medicaid*, J. 23 Pol'y Analysis & Mgmt.509 (2004).

52. Id.

53. Orbach, supra note 48, at 129–130.

54. Id.

55. Sheila R. Yedlewski, Urban Inst., Left Behind or Staying Away? Eligible Parents Who Remain Off TANF 5 (2002).

56. Id.

57. Patient Protection and Affordable Care Act of 2010, Pub. L. No. 111–148, 124 Stat. 119（修訂條文散見於：42 U.S.C. § 18001 (2012)）。

58. Herd & Moynihan, supra note 1, at 98.

59. Id. at 99.

60. Id. at 118.

61. 參見Patient Protection and Affordable Care Act; HHS Notice of Benefit and Payment Parameters for 2021; Notice Requirement for Non-Federal Governmental Plans, 85 Fed. Reg. 7088, 7119–7120 (Feb. 6, 2020).

62. *Sabotage Watch: Tracking Efforts to Undermine the ACA*, Ctr. on Budget & Policy Priorities (June 12, 2020), https://www. cbpp.org/sabotage-watch-tracking-efforts-to-undermine-the-aca.

63. 參見Alex Olgin, *Reductions in Federal Funding for Health Law Navigators Cut Unevenly*, Nat'l Pub.Radio (Oct. 26, 2017, 12:54 PM), https://www.npr.org/sections/health-

shots/2017/10/26/559574743/money-for-health-law-navigators-slashed-except-where-it-s-not.

64. Press Release, *CMS Announcement on ACA Navigator Program and Promotion for Upcoming Open Enrollment,* CMS.gov (Aug. 31, 2017), https://www.cms.gov/ newsroom/press-releases/cms-announcement-aca-navigator-program-and-promotion-upcoming-open-enrollment.

65. 參見Olgin, supra note 63.

66. Amy Goldstein, *Federal Notices about ACA Enrollment Season Get Cut in Number and Messaging,* Wash. Post (Nov. 1, 2017), https:// www.washingtonpost.com/national/health-science/federal-notices-about-aca-enrollment-season-get-cut-in-number-and-messaging/2017/11/01/e0eeb872-bf16-11e7-97d9-bdab5a0ab381_story.html.

67. *Status of State Action on the Medicaid Expansion Decision,* Kaiser Family Found. (May 29, 2020), https://www.kff.org/ about-us/.

68. *Medicaid Expansion & What It Means for You*, HealthCare. gov, https://www.healthcare.gov/medicaid-chip/medicaid-expansion-and-you/ (last visited June 14, 2020).

69. Selena Simmons-Duffin, *Trump Is Trying Hard to Thwart Obamacare. How's That Going?*, Nat'l Pub. Radio (Oct. 14, 2019, 3:54 PM), https://www.npr.org/sections/health-shots/2019/10/14/768731628/trump-is-trying-hard-to-thwart-obamacare-hows-that-going.

70. Ian Hill & Emily Burroughs, Urban Inst., Lessons from Launching Medicaid Work Requirements in Arkansas 1 (2019).

71. Id. at 6.

72. Id. at 7.

73. Id. at 15.

74. Id. at 17.

75. Social Security Amendments of 1965, Pub. L. 89–97, 79 Stat. 286（修訂條文散見於：25, 26, 29 & 42 U.S.C.

(2012)）。聯邦醫療保險規定分為四大部分，醫院保險請見：Part A, 42 U.S.C. § 1395c；補充醫療保險請見：Part B, 42 U.S.C. § 1395j；管理式照護（managed care）請見：Part C, 42 U.S.C. § 1395w-21；藥品費用補貼（drug benefit）請見：Part D, 42 U.S.C. § 1395w-101。

76. Herd & Moynihan, supra note 1, at 134–135.

77. Id. at 134.

78. 參見Saurabh Bhargava et al., *Choose to Lose: Health Plan Choices From a Menu with Dominated Options*, 132 Q.J. Econ.1319, 1322 (2017)（指出無論在實驗或實地研究中，個人都沒選擇最符合經濟效益的聯邦醫療保險方案。）

79. Herd & Moynihan, supra note 1, at 138.

80. *Why Occupational Licensing Reform Is Needed*, Charles Koch Inst., https://www.charleskochinstitute.org/issue-areas/ stopping-corporate-welfare/why-occupational-licensing-

reform-is-needed/ (last visited June 9, 2020).

81. Dick M. Carpenter II et al., Inst. for Just., License to Work: A National Study of Burdens from Occupational Licensing (2d ed. 2017), https://ij.org/wp-content/themes/ijorg/ images/ltw2/License_ to_Work_2nd_Edition.pdf.

82. 參見id. at 16.

83. 參見id.

84. 參見*Forms*, S.D. Dep't Labor & Reg.: S.D. Cosmetology Comm'n, https://dlr.sd.gov/cosmetology/forms.aspx (last visited June 11, 2020).

85. 參見US Dep't of Homeland Sec. & US Dep't of Def., C-FF91556, Report on Barriers to Portability of Occupational Licenses Between States, Appendix C (2018), https://download.militaryonesource.mil/12038/MOS/ Reports/barriers-to-portability-of-occupational-licenses-between-states.pdf.

86. NAFSA: Ass'n of Int'l Educators, *Economic Value Statistics*

(2019), https://www.nafsa.org/policy-and-advocacy/policy-resources/nafsa-international-student-economic-value-tool-v2.

87. Id.

88. Id.

89. Institute of International Education, What International Students Think About U.S. Higher Education 6 (2015).

90. US Immigration & Customs Enf't, SEVIS by the Numbers: Annual Report on International Student Trends 1 (2018).

91. US Dep't of State, *Non-Immigrant Visa Statistics FY 2019 NIV Detail Table*, https://travel.state.gov/content/travel/en/legal/visa-law0/visa-sta tistics/nonimmigrant-visa-statistics.html.

92. Id.

93. Id.

94. Harvard Int'l Office, *Applying for Your Visa*, https://hio.harvard.edu/applying-your-visa.

95. US Immigration & Customs Enf't, *I-901 SEVIS Fee Frequently Asked Questions*, https://www.ice.gov/sevis/i901/faq.

96. US Dep't of State, *DS-160: Online Nonimmigrant Visa Application*, https://travel.state.gov/content/travel/en/us-visas/visa-information-resources/forms/ds-160-online-nonimmigrant-visa-application.html（指出政府網站資訊會隨時間改變，文中參考的是2020年的規定。）

97. US Dep't of State, *Student Visa*, https://travel.state.gov/content/travel/en/us-visas/study/student-visa.html.

98. US Embassy Singapore, *Bank and Payment Options/Pay My Visa Fee*, https://www.ustraveldocs.com/sg/sg-niv-paymentinfo.asp.

99. 舉例來說，照片必須為正方形，照片人物頭部從下巴到頭頂的距離必須在1英寸到1⅜英寸之間，照片必須是在最近六個月內拍攝，而且必須以全臉拍攝。 US Dep't of State, *Photo Requirements*, https://

travel.state.gov/content/travel/en/us-visas/visa-information-resources/photos.html. 例如參見US Embassy Singapore, *Photo Studios*, https://sg.usembassy.gov/u-s-citizen-services/passports/photo-requirements/photo-studios/.

100. US Embassy & Consulates in the United Kingdom, *The Interview*, https://uk.usembassy.gov/visas/tourism-visitor/the-interview/.

101. Id.

102. Id.

103. US Dep't of State, *Administrative Processing Information*, https:// travel.state.gov/content/travel/en/us-visas/visa-information-resources/administrative-processing-information.html.

104. Anemona Hartocollis, *International Students Face Hurdles under Trump Administration Policy, NYT* (Aug. 28, 2019), https://www.nytimes.com/2019/08/28/us/international-students-visa.html.

105. US Dep't of State, *Nonimmigrant Visa Statistics: FY2019 NIV Workload by Visa Category*, https://travel.state.gov/content/travel/en/legal/visa-law0/visa-statistics/nonimmigrant-visa-statistics.html.

106. Planned Parenthood of Se. Pa. v. Casey, 505 U.S. 833, 874 (1992).

107. 參見Herd & Moynihan, supra note 1, at 90–92; Kate L. Fetrow, Note, *Taking Abortion Rights Seriously: Toward a Holistic Undue Burden Jurisprudence*, 70 Stan. L. Rev. 319 (2018)。

108. Herd & Moynihan, supra note 1, at 71.

109. 關於現場發生的情況，相關記述可參見Mara Buchbinder et al., *"Prefacing the Script" as an Ethical Response to State-Mandated Abortion Counseling*, 7 AJOB Empirical Bio-ethics 48 (2016), https://www.ncbi.nlm.nih.gov/pmc/articles/PMC4999071/.

110. Herd & Moynihan, supra note 1, at 78–79.

111. Id. at 82.

112. Id.

113. 參見 *How the Knights of Columbus Save Lives: 1,000 Ultrasound Machine Donations* (2019), https://www. catholicnewsagency.com/news/how-the-knights-of-columbus-save-lives-1000-ultrasound-machine-donations-65312.

114. Herd & Moynihan, supra note 1, at 47.

115. Id. at 63–64（指出「共和黨執政州」與「選民身分法」之間的相關性，並解釋這與政黨政策的相關性。）

116. Vann R. Newkirk II, *The Georgia Governor's Race Has Brought Voter Suppression into Full View*, Atlantic (Nov. 6, 2018), https://www.theatlan tic.com/politics/archive/2018/11/how-voter-suppression-actually-works/575035/.

117. Jonathan Brater et al., Brennan Center for Justice at the New York University School of Law, Purges: A Growing Threat to

the Right to Vote 1 (2018).

118. 參見Herd & Moynihan, supra note 1, at 53.

119. Ella Nilsen, *Why New York City Voter Rolls Were Missing Names Again, Explained*, Vox (Sept. 13, 2018, 3:30 PM), https://www.vox.com/2018/9/13/17855254/new-york-city-voters-rolls-purges-missing-names-2018-midterms.

120. Brater et al., supra note 117, at 5–6.

121. 參見*Voter Identification Requirements: Voter ID Laws*, Nat'l Conference of State Legislatures, http://www.ncsl.org/research/elections-and-campaigns/voter-id.aspx (https://perma.cc/QF6Z-VAKK)（指出有34州的法律要求選民出示某種形式的身分證明才能投票，其中7州要求出示由州政府核發的有照證件。）

122. Denise Lieberman, *Barriers to the Ballot Box: New Restrictions Underscore the Need for Voting Laws Enforcement*, 39 Hum. Rts. 2, 3 (2012).

123. Rebekah Barber, *The Long Fight over Using Student IDs*

to Vote in North Carolina, Facing South (Oct. 22, 2019), https://www.facingsouth.org/2019/10/long-fight-over-using-student-ids-vote-north-carolina.

124. 參見Herd & Moynihan, supra note 1, at 52.

125. Id. at 2.

126. Sendhil Mullainathan, *For Racial Justice, Employees Need Paid Hours Off for Voting*, NYT (June 12, 2020), https://www.nytimes.com/2020/06/12/business/for-racial-justice-employees-need-paid-hours-off-for-voting.html.

5 淤泥效應的重責大任

1. 參見6 U.S.C. § 795 (2012)（「機關首長應確保機關內執行聯邦災害救助的所有計畫均制定並維護適當的內部管控，以避免舞弊、浪費與濫用）；Jerry L. Mashaw & Theodore R. Marmor, *Conceptualizing, Estimating, and Reforming Fraud, Waste, and Abuse in Healthcare Spending*, 11 Yale J. on Reg. 455 (1994); Julie K.

Taitsman, *Educating Physicians to Prevent Fraud, Waste, and Abuse*, 364 New Eng. J. Med.102, 102 (2011).

2. 範例請見：US Office of Pers.Mgmt., Standard Form 86: Questionnaire for National Security Positions (2010), https://www.opm.gov/forms/pdf_fill/sf86-non508.pdf (https://perma.cc/KB9P-JJ8D).

3. 關於一項有先見之明的討論，大致可參見Ekambaram Paleenswaran & Mohan Kumaraswamy, *Recent Advances and Proposed Improvements in Contractor Prequalification Methodologies*, 36 Building & Env't 73 (2001).

4. 關於預填表格的重要性，參見Memorandum from Neomi Rao, Admin., OIRA, to Chief Information Officers 8 (Aug. 6, 2018), https://www.whitehouse.gov/wp-content/uploads/2018/08/Mini mizing-Paperwork-and-Reporting-Burdens-Data-Call-for-the-2018-ICB.pdf (https://perma.cc/KF9L-N6NZ), hereinafter Memorandum from Neomi Rao (Aug. 6, 2018)（「有時候機關要蒐集的資料與前

次申請時的資料並未有所改變，這種情況下或許能夠使用、或是讓民眾能夠選擇使用已經預填的電子表格」。）

5. 參見Austan Goolsbee, Brookings Inst., The "Simple Return": Reducing America's Tax Burden through Return-Free Filing 2 (2006), https:// www.brookings.edu/wp-content/uploads/2016/06/200607goolsbee.pdf (https://perma.cc/C695-5YQL)（「但對於能夠使用『簡易申報』的數百萬納稅人而言，納稅申報就只需要檢查一下數字，在申報表上簽名，接著寄出支票或等著退稅就行了。」）

6. 參見Memorandum from Neomi Rao (Aug. 6, 2018), supra note 4, at 8（「同樣值得考量的是，在某些情況下，是否可以完全放棄以填表方式，而採用更自動化、通用、或是直接批准的參與方式。」）

7. 參見Protecting Americans from Tax Hikes (PATH) Act, Pub. L. No. 114–113, 129 Stat. 2242 (2015)（法案的第

二篇[Title II]便是「程序完整性」，並特別著重減少在勞動所得稅收抵免方案與其他方案計畫中的舞弊與不當支付）；Leslie Book et al., *Insights from Behavioral Economics Can Improve Administration of the EITC*, 37 Va. Tax Rev. 177, 180 (2018)（指出勞動所得稅收抵免方案的「程序完整性」是國稅局人員很重視的一項主題，因為勞動所得稅收抵免方案的申報有43%到50%會出現錯誤，而且多數錯誤有益於申報者）；*Program Integrity*, Ctrs. for Medicare& Medicaid Servs., https://www.medicaid.gov/medicaid/program-integrity/index.html (https://perma.cc/2ZMC-XTSH)（聯邦醫療保險程序完整性）；*Reducing Improper Payments*, Soc. Sec. Admin., https:// www.ssa.gov/improperpayments (https://perma.cc/T8ZN-XA32)（社會安全計畫方案）。

8. 例如參見Husted v. A. Philip Randolph Inst., 138 S. Ct.1833, 1848（「國家選民登記法清楚反映國會的想法，認為既未寄回回函卡，又在接下來兩次聯邦大選

均未投票，是判斷收件人已經搬家的重要證據。」）

9. 參見Daniel Kahneman, Thinking, Fast and Slow 13–15 (2011).

10. 例如參見Fla.Stat.Ann.§ 741.04 (2018)（規定除非雙方上過婚前教育課程，否則結婚證書的生效日期是申請日的三天後）；Mass. Ann.Laws ch. 208, § 21 (LexisNexis 2018)（要在初步判決的90天後，才允許離婚生效。）

11. 參見Pamaria Rekaiti & Roger Van den Bergh, *Cooling-Off Periods in the Consumer Laws of the EC Member States: A Comparative Law and Economics Approach*, 23 J. Consumer Pol'y 371, 397 (2000)（「冷靜期或許能夠補救各種非理性行為、情境壟斷[situational monopoly]與資訊不對稱的問題」）；Dainn Wie & Hyoungjong Kim, *Between Calm and Passion: The Cooling-Off Period and Divorce Decisions in Korea*, 21 Feminist Econ. 187, 209 (2015)（「若離婚原因為……不誠實、虐待或與其他家庭成

員不和，冷靜期對離婚率並無顯著影響。若夫妻表示離婚原因為性格差異或財務困難，則冷靜期能夠引發反應。」）

12. 例如參見Cal. Penal Code § 26815(a) (2018)（要求購買各種槍枝需要有10天等待期。）

13. Michael Luca et al., *Handgun Waiting Periods Reduce Gun Deaths*, 114 Proc. Nat'l Acads.Sci.12162 (2017).

14. 參見U.S. Dep't of Agriculture, Direct Certification in the National School Lunch Program Report to Congress: State Implementation Progress, School Year 2014-2015 2 (2016)（「要進行直接核可的時候，通常需要的是在州或是地方教育機關層級將學生入學名冊與補充營養援助計畫〔SNAP〕、貧窮家庭暫時性救助金〔TANF〕與印第安保留區糧食輸配計畫」〔FDPIR〕的紀錄做比對。」）

15. 關於一些相關的權衡妥協，大致可參見Memorandum from Jeffrey D. Zients, Dep.Dir. for Mgmt., & Cass

R. Sunstein, Admin., OIRA, to the Heads of Executive Departments and Agencies (Nov. 3, 2010), https://obamawhitehouse.archives.gov/sites/default/files/omb/me moranda/2011/m11-02.pdf (https://perma.cc/56QK-7HCR)（鼓勵聯邦機關在遵守隱私法規的情況下分享資料，以提升計畫實施成效。）

16. 參見Shoshana Zuboff, The Age of Surveillance Capitalism: The Fight for a Human Future at the New Frontier of Power (2019).

17. 例子包括：Albert Nichols & Richard Zeckhauser, *Targeting Transfers through Restrictions on Recipients*, 72 Am. Econ. Rev. 372 (1982); Vivi Alatas et al., *Ordeal Mechanisms in Targeting: Theory and Evidence from a Field Experiment in Indonesia* (NBER, Working Paper No. 19121, 2013), https://www.nber.org/papers/w19127.pdf (https:// perma.cc/6XFF-QP8E); Amedeo Fossati & Rosella Levaggi, Public Expenditure Determination in a Mixed Market for Health

Care (May 4, 2004) (unpublished manuscript), https://
papers.ssrn.com/sol3/papers.cfm?abstract_id=539382
(https://perma.cc/GF5A-YRY5); Sarika Gupta, Perils of the
Paperwork: The Impact of Information and Application
Assistance on Welfare Program Take-Up in India (Nov.
15, 2017) (unpublished Ph.D. job market paper, Harvard
University Kennedy School of Government), https://scholar.
harvard.edu/files/sarikagupta/files/gupta_jmp_11_1.pdf
(https://perma.cc/K4HY-3YK4).

18. 但請注意，如果人民願意付錢委託其他人去做相關工
作（例如請人協助排隊或報稅），就有可能抹除「支
付意願」與「付出時間與心力的意願」之間的差異。

19. 國稅局為60%的納稅人提供免費線上報稅服務：IRS'
Intent to Enter into an Agreement with Free File Alliance,
LL C (i.e., Free File Alliance), 67 Fed. Reg. 67,247 (Nov. 4,
2002). 只要是年收入在66,000美元以下的納稅人，都
可以免費使用這項方案。IRS, *About the Free File Program*

(Nov. 21, 2018), https://www.irs.gov/e-file-providers/about-the-free-file-program (https://perma.cc/L5CL-X4ZG).

20. 參見Gupta, supra note 17, at 30–31.

21. 部分例子取自資訊法規辦公室的「資訊蒐集儀表板」（Information Collection Dashboard）：*Information Collection Review Dashboard*, OIRA, https:// www.reginfo. gov/public/jsp/PRA/praDashboard.myjsp?agency_cd=0000 &agency_nm=All&reviewType=EX&from_page=index. jsp&sub_index=1 (https://perma.cc/8X7M-9RHE). 如果對縮減淤泥效應或是整體資訊蒐集有興趣，這個常被學者忽視的儀表板網站值得多加注意。

22. 參見Data.gov；美國政府在這個網站提供大量實用資訊，許多都是出自資訊蒐集要求。

6 淤泥效應稽核

1. 參見Matthew Edwards, The Law, Marketing and Behavioral Economics of Consumer Rebates, 12 Stan. J.L. Bus. & Fin.

362, 419–421 (2007).

2. Id. at 108.

3. Joshua Tasoff & Robert Letzler, Everyone Believes in Redemption: Nudges and Overoptimism in Costly Task Completion, 107 J. Econ. Behav.& Org.107, 115 (2014).

4. Memorandum from Cass R. Sunstein, Admin., OIRA, to Heads of Executive Agencies and Departments, Testing and Simplifying Federal Forms (August 9, 2012), https:// obamawhitehouse.archives.gov/sites/default/files/omb/ inforeg/memos/testing-and-simplifying-federal-forms.pdf.

5. Inconsistent, Duplicative Regulations Undercut Productivity of U.S. Research Enterprise; Actions Needed to Streamline and Harmonize Regulations, Reinvigorate Government-University Partnership, Nat'l Acads. Sci., Eng'g, & Med. (Sept. 22, 2015), https://www8.nationalacademies.org/ onpinews/newsitem.aspx?RecordID=21803.

6. Nat'l Acads. of Sci., Eng'g, & Med., Optimizing the

Nation's Investment in Academic Research: A New Regulatory Framework for the 21st Century (2016), https://www.nap.edu/catalog/21824/optimizing-the-nations-investment-in-academic-research-a-new-regulatory.

7. 資訊法規辦公室將各種資訊蒐集要求公開，供大眾檢視。無論在學術或其他方面，這些報告都應該要得到更多的注意。參見Information Collection Review Dashboard, OIRA, https://www.reginfo.gov/public/jsp/PRA/praDashboard.myjsp?agency_cd=0000&agency_nm=All&reviewType=RV&from_page=index.jsp&sub_index=1 (https://perma.cc/PD 5L-9BNJ).

8. 例如參見Memorandum from Neomi Rao, Admin., OIRA, to Chief Information Officers 8 (Aug. 6, 2018), https://www.whitehouse.gov /wp -content /uploads /2018 /08 / Minimizing-Paperwork-and-Reporting-Burdens-Data-Call-for-the-2018-ICB.pdf (https://perma.cc/KF9L-N6NZ), hereinafter Memorandum from Neomi Rao (Aug. 6, 2018)

(including a request that agencies reduce paperwork burdens in a data call); Memorandum from Cass R. Sunstein, Admin., OIRA, to the Heads of Executive Departments and Agencies (June 22, 2012), https://www.transportation. gov/sites/dot.gov/files/docs/OMB%20Memo%20on%20 Reducing%20Reporting%20and%20Paperwork%20 Burdens.pdf, hereinafter Memorandum from Cass R. Sunstein (June 22, 2012) (same).

9. Memorandum from Cass R. Sunstein, Admin., OIRA, to the Heads of Executive Departments & Agencies & Independent Regulatory Agencies (Apr. 7, 2010), https:// www.whitehouse.gov/sites/ whitehouse.gov/files/omb/ assets/inforeg/PRAPrimer_04072010.pdf (https://perma.cc/ D3VW-ZD8T).

10. 參見Memorandum from Cass R. Sunstein (June 22, 2012), supra note 7.

11. Id.

12. Memorandum from Neomi Rao (Aug. 6, 2018), supra note 7; see also Memorandum from Howard Shelanski, Admin., OIRA, and JohnP. Holdren, Dir., Off. of Sci. & Tech. Pol'y, to the Heads of Executive Departments & Agencies and of the Independent Regulatory Agencies (Sept. 15, 2015), https://obamawhitehouse.archives.gov/sites/default/files/omb/inforeg/memos/2015/behavioral-science-insights-and-federal-forms.pdf (https://perma.cc/M8MX-9K6C) (recommending the use of behavioral sciences when crafting initiatives to reduce paperwork-burden hours).

13. SmartForms, Australian Gov't, Dep't of Indus., Sci., Energy, & Res. (Feb. 3, 2020), https://www.industry.gov.au/government-to-government/smartforms.

14. 參見Memorandum from Cass R. Sunstein (June 22, 2012), supra note 7（建議要求造成最沉重負擔的機關減少200萬小時的負擔時數，其他所有機關則應該減少5萬小時。）

15. 參見Dep't of the Treasury Off. of Econ. Pol'y, Council of Econ. Advisers, Dep't of Labor, Occupational Licensing: A Framework For Policymakers (July 2015), https:// obamawhitehouse.archives.gov/sites/default/files/docs/ licensing_report_final_nonembargo.pdf (https:// perma. cc/67Z3-26CV)（展現聯邦政府能透過召集各州與地方政府官員的權力而發揮影響，以及建議縮減其他形式的淤泥效應。）

16. 參見Pac.Nat. Cellular v. United States, 41 Fed.Cl.20, 29 (1998).

17. 42 U.S.C. §706.

18. 參見Cass R. Sunstein, The Regulatory Lookback, 94 B.U. L. Rev. 579, 592–596 (2014).

19. 然而，確實也可以把文書作業負擔看成是施加給民眾的一種稅，而有時候增稅也是有道理的。例如對菸草業者加重文書負擔，就可以作為管制機制的一部分。我們大概還是可以想像，雖然一般來說減少成本是件

好事，但如果是對於某項會造成傷害的活動給予相當於減稅的優惠，可不見得是件好事。如果是對於菸草業者，或許資訊法規辦公室就不該太特別努力去減少相關的文書作業負擔。我在這裡並不是想做出什麼結論，只是希望點出這項議題罷了。

20. 相關討論大致可參見David Weisbach, Daniel J. Hemel, & Jennifer Nou, The Marginal Revenue Rule in Cost-*Benefit Analysis*, 160 Tax Notes 1507 (2018).

國家圖書館出版品預行編目(CIP)資料

淤泥效應：解開制度的束縛，重新找回組織執行力／凱
斯‧桑思汀（Cass R. Sunstein）著；林俊宏譯. -- 第一版. --
臺北市：遠見天下文化出版股份有限公司, 2022.11
224面；14.8×21公分. --（財經企管；BCB782）
譯自：Sludge : what stops us from getting things done and what
to do about it.

ISBN 978-986-525-952-5(平裝)

1.CST: 行政管理 2.CST: 行政程序 3.CST: 文書管理
4.CST: 美國

572.9   111017865

財經企管 BCB782

淤泥效應
解開制度的束縛，重新找回組織執行力
Sludge: What Stops Us from Getting Things Done and What to Do about It

作者 —— 凱斯・桑思汀（Cass R. Sunstein）
譯者 —— 林俊宏

總編輯 —— 吳佩穎
書系副總監暨責任編輯 —— 蘇鵬元
校對 —— 黃雅蘭
封面設計 —— Bianco Tsai

出版者 —— 遠見天下文化出版股份有限公司
創辦人 —— 高希均、王力行
遠見・天下文化 事業群董事長 —— 高希均
事業群發行人／CEO —— 王力行
天下文化社長 —— 林天來
天下文化總經理 —— 林芳燕
國際事務開發部兼版權中心總監 —— 潘欣
法律顧問 —— 理律法律事務所陳長文律師
著作權顧問 —— 魏啟翔律師
地址 —— 台北市 104 松江路 93 巷 1 號 2 樓
讀者服務專線 —— 02-2662-0012
傳真 —— 02-2662-0007；02-2662-0009
電子郵件信箱 —— cwpc@cwgv.com.tw
郵政劃撥 —— 1326703-6 號　遠見天下文化出版股份有限公司
出版登記 —— 局版台業字第 2517 號

電腦排版 —— 立全電腦印前排版有限公司
製版廠 —— 東豪印刷事業有限公司
印刷廠 —— 祥峰印刷事業有限公司
裝訂廠 —— 聿成裝訂股份有限公司
總經銷 —— 大和書報圖書股份有限公司 電話／02-8990-2588
出版日期 —— 2022 年 11 月 21 日第一版第 1 次印行

定價 —— 320 元
ISBN —— 978-986-525-952-5 ｜ EISBN —— 9789865259617（EPUB）；9789865259747（PDF）
書號 —— BCB782
天下文化官網 —— bookzone.cwgv.com.tw

本書如有缺頁、破損、裝訂錯誤，請寄回本公司調換。
本書僅代表作者言論，不代表本社立場。

天下文化
BELIEVE IN READING